心齋 김철교 열두 번째 시집

그림과 음악을 품은 시詩

그림과 음악을 품은 시詩

발 행 일	2025년 5월 15일 초판 인쇄 · 발행
지 은 이	김철교
발 행 처	심재문예원
출판등록	제2020-000093호
주 소	서울시 양천구 목동동로 100
대표전화	02-2649-4799
홈페이지	www.christpoet.com
이 메 일	kimbridge@naver.com

ISBN 979-11-984122-1-8 03800

값 10,000원

ⓒ 2025, 김철교

본 책 내용의 전부 또는 일부를 재사용하려면 저작권자의 동의를 받으셔야 합니다.

心齋 김철교 열두 번째 시집
그림과 음악을 품은 시詩

김 철 교

심재문예원

| 머리말

내가 사랑하는 시와 미술과 음악에 많은 세월 동안 정성을 기울이다가 이제 그 흔적들을 모아서 열두 번째 시집을, 관련 산문을 곁들여 출간한다.

시인으로서의 발자취를 더듬어 보면, 1968년 서울대학교 사범대 문학회 동인지 『창작시대』(서울대출판부, 1968)에 「수련」이라는 시를 처음 발표했다. 1학년을 마치고 공군에 번역병으로 복무하면서 『주간 공군』에 시를 자주 발표할 기회가 주어졌고, 이를 모은 시를 엮은 시집 『詩가 있는 마을』(1971, 시문사)을 처음으로 출간한 바 있다. 2002년에는 월간 『시문학』을 통해 시인 재등단 절차를 거쳤으며, 2015년에는 계간 『시와시학』을 통해 평론가로 등단하였다.

2007년부터 서울 양천구 평생교육원과 '예술의 전당'에서 문인화를 배우기 시작한 후, 2018년 11월에 인사동 경인미술관에서 '제1회 심재 김철교 문인화 개인전'을 열었다. 2022년 2월에는 홍익대 문화예술평생교육원 동양화과정을 수료하여 교육부 장관으로부터 미술학사 학위를 받았다. 가능한 빠른 시일 내에 두 번째 개인전을 열기 위해 요즘 그림 그리기에 열심을 내고 있다.

음악은 음치에 가까워 이를 극복하고자 고1 때 열심히 '바

이엘'과 '체르니'까지 도전하였고, 최근에는 2년여 클라리넷을 배우다 쉬고 있으나 언제 다시 시작할지 기약이 없다.

이러한 이력을 배경 삼아 여러 정기간행물과 동인지 등에 게재했던 작품들을 수정·보완하여 한 권의 책으로 엮게 되었다. 이미 세계 명화를 대상으로 쓴 시를 모은 시집 『무제2018』 (시와시학, 2018)을 출간한 적이 있다. 이번 시집에서는 동서양 명화와 음악을 대상으로 쓴 시 41편과 관련 산문을 담았다.

제1부는 유명한 화가들의 전시회를 찾아서 마주했던 동양화 앞에서 쓴 시(詩)이며, 제2부는 서양화 앞에서 쓴 시이다. 제3부는 음악을 품은 시, 제4부에서는 시의 소재로 사용된 동서양 그림의 이야기를, 관련 시와 함께 정리하였다. 저작권이 만료되지 않은 그림은 함께 싣지 못하고 간단한 설명으로 대신했다.

2025년 신록의 5월에 心齋 김철교

차
례

머리말 — 4

제1부 동양화의 향

군자의 꿈 — 12
선각자의 우울 — 14
보리밭길 나그네 — 16
행복 방정식 — 17
세상만사 — 18
사랑을 빻는 마술사 — 19
해변의 수채화 — 20
손안에 받쳐 든 금강산 — 22
저 높은 곳을 향하여 — 24
썩지 않는 사랑 — 26
매 맞는 강남부자 아들놈 — 28
행복한가? — 30
빨래터에서 한(恨)을 씻다 — 32
하늘을 나는 물고기 — 34
이 땅에서 찾아낸 천국 — 36

心齋 김철교 열두 번째 시집

그림과 음악을 품은 詩

제2부 서양화의 멋

다채로운 삶 ― 38
기다림의 사슬 ― 40
흑장미 정원 ― 42
소라껍질 속 축제 마당 ― 44
네덜란드 모나리자에게 ― 46
몽환 속으로 ― 48
그대 앞에만 서면 ― 50
마우리치오 카텔란 〈코미디언〉 ― 51
우리들의 연인 ― 52
새로운 세상을 여는 여인들 ― 54
그림 속으로의 항해 ― 56
사랑은 꿈으로 날다 ― 58
순간의 행복 ― 60
신(神)의 인내 ― 62
아무리 숭고해도 늘릴 수 없는 시간 ― 64
든든한 등불 ― 66
하나님의 얼굴 ― 68
멀리서 우는 요령 소리 ― 70
여인의 의미로운 꽃 ― 72
POWER & MONEY로 만든 신호등 ― 74

차례

제3부 음악을 품은 시

사랑은 여백 — 78
악보 속의 화단 — 79
사랑의 환상 — 80
사랑은 이별과 친구 — 82
심연으로의 유영 — 84
'죽은 왕녀를 위한 파반느' — 85

心齋 김철교 열두 번째 시집

그림과 음악을 품은 詩

제4부 그림과 시에 관한 에세이

미술과 시에 어린 키스의 향기 — 88
이브의 두 얼굴, 성(聖)과 속(俗) — 96
금강산이 낳은 글과 그림 — 112
사군자의 멋과 향 — 123
끝없는 실험과 열정의 예술가 피카소 — 132
인물 묘사를 통한 예술가와 수용자의 만남 — 141
우리 예술의 현실과 좌표 — 149
화가와 시인의 대화 — 169

제1부
동양화의 향

군자의 꿈
— 〈선면화: 군자락지도(君子樂之圖)〉

사군자가
한 폭의 부채에 또아리를 틀고
장생을 춤추고 있네

한평생 갈고 닦은
붓으로 그려 낸
오래 살고 싶은 욕망

매난국죽이
돌과 영지와 어울려
어렵게 피워 낸 군자의 꿈

그러나
생로병사의 굴레를 벗지 못하고
낡아지고 있구나

국립중앙박물관의 이건희 컬렉션에 포함된 부채 그림. 하나의 부채에 조석진이 돌을, 김규진이 대나무를, 김응원이 난초를, 고희동이 영지(불로초)를, 안중식이 국화를, 이도영이 매화를 그리고, 오세창과 김돈희가 글을 썼다.

선각자의 우울
— 나혜석 〈자화상〉

앞서가는 걸음걸음
맞바람을 안고 살았습니다

청명한 하늘과 검은 폭풍이
교직된 마음 밭에는
무슨 그림을 그려야 할까요?

신의 세계를 기웃댄 죄는
너무나 가혹했습니다
죽어서도 자유롭지 못한
나혜석, 그 이름의 감옥은
캔버스 속에서도
잠 못 들고 있군요

이제 검은 외투는 벗어버리고
환한 꽃자리로 좌정하소서

나혜석(羅蕙錫, 1896-1948), 〈자화상〉, 1929, 캔버스에 유채, 88x75cm. 수원시립아이파크미술관.

보리밭길 나그네
— 장욱진 〈길 위의 자화상〉

고흐의 밀밭 길에는
고흐가 없어도
장욱진의 보리밭 길에는
장욱진이 있다

고흐의 밀밭 길에는
휘몰아치는 폭풍우를 몰고
까마귀 떼가 고흐를 데리러 왔지만
장욱진의 보리밭에는
남쪽으로 떠나는 길 전송하는
황금빛 보리손들이 있다

꿈꾸는 나라가 비록
이 세상엔 없다고 해도
가는 걸음걸음 생로병사를
발아래 밟을 수도 있으리
캔버스 보리밭 길에서는

* 장욱진(張旭鎭, 1917-1990), 〈길 위의 자화상〉, 1951, 종이에 유채, 14.8× 10.8cm, 개인 소장.

행복 방정식
— 김기창 〈보리타작〉

남정네 없는 타작마당
허리 굽은 어머니
가난을 키질하고
설움을 두들겨
탱글탱글한 알곡을 골라낸다

고물고물 매달린 자식새끼
그것이 신이어서
목숨이어서
허리 굽는 줄도 모르고
한 줌 알보리에 생애를 건다

* 김기창(金基昶, 1913-2001), 〈보리타작〉, 1956, 종이에 수묵채색, 84x 267cm, 개인 소장.

세상만사
— 김기창 〈간음한 여인〉

곤장 치는 놈이
곤장을 맞아야 하는데
도덕 강의실에서마저
마녀사냥이 계속되고

죄 없는 자는,
죄지을 능력도 없는 자는
고려 대상도 안 된다
무능한 놈에겐 법도 필요 없다

하얀 천 같은 마음은
보여줄 것이 없으니
입 다물고 있는 것이
무죄 증명

세상만사
죄인들이 써가는
역사 교과서

* 김기창(金基昶, 1913-2001), 〈간음한 여인〉, 1952-53, 비단에 수묵채색, 63x76cm, 서울미술관.

사랑을 빻는 마술사
— 박수근 〈절구질하는 여인〉

검정 고무신 위에
우뚝 선 어머니는
세상 곤궁을 쿵쿵 찧어
곱게 빻아 사랑으로
밥상을 풍성하게 하지요

애타게 기다리는
우리 모두의 나라는
어머니 등 뒤에서
쌔근쌔근
아이 꿈속에서 영글고

* 박수근(朴壽根, 1914-1965), 〈절구질하는 여인〉, 1954, 캔버스에 유채,
  130x97cm, 삼성미술관 리움, 서울.

해변의 수채화
— 박미애 〈행복〉

해당화가 보름달로 떠 있네
가득함은 비움의 시작

화폭에 사랑을 깊게 깊게 새겨 넣으며
새로운 보름
새로운 세상을 품는다

가슴속 깊이에서 길어 올린
알 수 없는 빛
꿈꾸는 색깔 위에
은빛 가루 모아 다리를 놓고

저 먼바다 건너
누구에게도
무엇에게도
매이지 않는 세상으로
발걸음을 조심스레 떼고 있다

박미애(1979-), 〈행복〉, 2012, 캔버스에 채색, 29.7x21cm, 개인 소장.

  * 김철교의 문학기행 수필집 『문학의 향기 속으로』(시문학사, 2012)의 표지화

손안에 받쳐 든 금강산
— 겸재 〈금강산전도〉

죽순처럼 도열하며 춤을 춘다
아무리 기기묘묘한 금강산도
화가의 눈앞에서는
다소곳이 순진해진다

화가의 붓질이
골짜기마다 바람을 일으키면
세미한 가락들이
화폭에서 쏟아져 나와
온 세상을 향기로 가득 채워
방부처리하고 있다

그림 속으로 눈을 감고
한 발짝 한 발짝 걸어 들어가면
고향에 이를 수 있으려나

정선(謙齋 鄭敾, 1676–1759), 〈금강전도(金剛全圖)〉, 1734, 종이에 수묵담채, 130.6 x 94.1cm, 삼성미술관 리움, 서울.

저 높은 곳을 향하여
— 김기창 〈예수의 생애 - 승천〉

황금빛 광채로 꿈을 뿌려 주며
하늘에 오르신다
세상 그림자 모두 지우고.

보살펴야 할 저 많은 군중들
한눈에 담기 위해
높이 높이 올라야 한다
군중에 묻히면
옆에 있는 강도*밖엔 보이지 않으니.

허접스런 끼리끼리 시상식장
내 눈에 들보는 보이지 않는 선거판
잘난 놈 못 잡아 안달 난 책상물림들
저 아래 시정잡배들은 어떻게 구하지?

우리는 모두 근시
이데아는 이미
도서관 수장고에 깊숙이 묻혀 있고
들춰보는 사람도 없다

부지런히 하늘로 따라 올라

그분 모습 놓치지 말아야겠네

* 김기창(1913-2001), 〈승천〉, 1952, 비단에 수묵채색, 73.5x101cm, 서울미술관

* 강도: 누가복음 23: 39-43.

썩지 않는 사랑
― 신윤복의 풍속화 〈미인도〉

구름머리를 무겁게 이고
고고히 누구를 꼬나보는가
손에 든 노리개를 준
선비의 뒷모습을
붙들고 싶은가

저 불룩한 치마폭에는
얼마나 많은 남자들의
그림자를 담고 있으랴

그러나 사랑이 담길 가슴은
빈약하기만 하구나
퍼주고 퍼주어도
돌아오지 못할 사랑으로
메말라가고 있으니

수많은 세월이 흘렀어도 아직
젊은 자태로 있는 것은
사랑은 썩지 않기 때문일까?

신윤복(1958-?), 〈미인도〉, 견본채색, 114x45.2cm, 간송미술관.

매 맞는 강남부자 아들놈
— 김홍도의 풍속화 〈서당〉

까불던 졸부 자식, 훈장에게 매 맞으니
친구들이 쌤통이다 웃고 있구나
스승은 멍청한 자식을 둔
부잣집 애비가 고소해서 체통도 없이 키득거린다

저 펼쳐진 책 속에 무엇이 들어 있을까?
가난해도 배부를 수 있는 합리화 법칙?
세상 권력에 눌려 살아도 천국을 차지하는
거지 나사로의 이야기?

이 시대 고관대작 글 보따리에 가득한
자식을 위해 위장 전입한 두툼한 기록과
육법전서 속에서만 살고 있는 정의라는 단어와
빛바랜 강남땅 개발 예정 보물 지도가
청문회 때만 되면 튀어나와
매문(賣文)하는 주인을 고발하고 있다
권선징악은
사후 세계까지 지경을 넓혀야
유효한가?

김홍도(1745-?), 〈서당〉, 『단원풍속도첩』, 종이-기타, 26.9x22.2cm, 국립중앙박물관.

행복한가?
— 추사 김정희 〈세한도〉

솔잎마다 시(詩)들이 눈꽃으로 달려 있다
찬바람에 뼈가 시린 것보다
마음이 더 춥다

글 지식도 집안 배경도 곳간 가득한 쌀도
세상 힘을 만들어 내는 양념일 뿐
허기는 달랠 수 없다

겨울바람이 구석구석 후벼 파는
황량한 벌판
초가집과 벗하고 있는
청청한 소나무

그려진 것과 그려지지 않은
새파랗게 얼어붙은 여백 너머
송백이여
그대는 푸르고 싶어 푸른 것인가?
다시 묻노니, 진정 행복한가?

김정희(1786-1856), 〈세한도〉, 1844, 종이, 23.9x70.4cm, 국립중앙박물관.

빨래터에서 한(恨)을 씻다
— 박수근 〈빨래터〉

빨래터에 가면
가슴에 맺힌 한을 씻을 수 있어요
마을 소식들을 돌려가며 듣고
나만 억울하지 않음을 알고는
가슴을 쓸어내리지요

맨 왼쪽 혼자인 아주머니는
조금은 있어 보이네요
자랑을 많이 하다 왕따당했나 보군요

두 명의 젊은 부인은
시댁 흉보느라
얼굴에는 어둠이 켜켜이 쌓여 있네요

저기 좀 늙수그레한 세 아주머니를 보세요
엉덩이 펑퍼짐한 수다쟁이 - 아마 매파인가 봐요
이 마을 저 마을 소식 전하느라 빨래도 잊고 있네요
옆 아주머니들은 그저 듣고만 있지요
아침 며느리 투정이 가슴에 거슬려
사실은 누구 말도 들리지 않아요

빨래터의 삶은 고단하지만
물길에 응어리 씻어 보내고
남들의 고난에서 위로를 얻는
프로이트가 제일로 치는 상담실이지요

* 박수근(1914-1965), 〈빨래터〉, 1950년대 후반, 캔버스에 유채, 37x72cm, 개인 소장.

하늘을 나는 물고기
— 이왈종 〈제주 생활의 중도〉

마음을 활짝 열면
물고기는 하늘을 날고,
꽃가지는 땅으로 내려와
팍팍한 세상의 장독대를 닦으시는
우리 어머니 어깨에 얹혀 있는
고단함을 주물러준다

사슴을 쫓던 사냥개도
이제는 서로 친구가 되고
벤츠에 골프채 싣고
돌아오는 망나니 아들을
어서 오라고 손짓하는
아버지의 뭉툭한 손가락엔
아직도 닳아빠진 괭이가 들려 있다

서울 마천루 숲속 컴퓨터는
차곡차곡 돈과 명예와 권력이 쌓여
지독한 냄새 가득한 거름통이 되었지만
한라산 하늘 닿은 곳엔
아직도 물고기가 날고 있다

* 이왈종(1945-)의 〈제주 생활의 중도〉 시리즈는 장지에 혼합재료 등으로 그려졌으며, 제주도의 자연과 일상을 담아낸 작품들로, 여러 점의 작품이 다양한 기관과 개인에 의해 소장되어 있다.

이 땅에서 찾아낸 천국
— 김환기 〈항아리와 매화 가지〉

항아리는 달덩이가 되어
우리 마음 하늘에
휘영청 에덴을 열고

매화꽃 한 가지
가슴 한가운데
실개천으로 흐르며
끝없는 노래를 쓰고 있다

* 김환기(1913-1974), 〈항아리와 매화 가지〉, 1950년대, 캔버스에 유채, 45.5x53cm, 환기미술관.

제2부
서양화의 멋

다채로운 삶
— 칸딘스키 〈다채로운 삶〉

생로병사의 변명을 찾기 위해
숱한 철학자도 종교인도
한평생 헤매다
두 손 들고 사라지고 없는데

화가는 캔버스에
희로애락 모두 불러 모아
화폭에 뭉뚱그리고 있다

시간과 공간을 삶아서
그럴듯한 맛을 우려내
삶마다 독특한 향기가 있다

칸딘스키(W. Kandinsky, 1866-1944), 〈다채로운 삶(Colorful Life)〉, 1907, 캔버스에 템페라, 130x162.5cm, Lenbachhaus, 뮌헨.

기다림의 사슬
— 밀레이 〈마리아나〉

'내 님은 오지 않아
나는 지쳤어, 지쳤어
차라리 죽고 싶어!'

내 님, 내 돈, 내 권력, 내 명예
내 내 내 내
오지 않아 오지 않아

우리는
무엇을 기다리고 있는지조차 모르고
오직 기다릴 수밖에 없는 거지?

온통 기다림의 사슬로
꽁꽁 묶여 있는 하루하루

밀레이(J.E. Millais, 1829-1876), 〈마리아나(Mariana)〉, 1851, 마호가니에 유채, 59.7x49.5cm, Tate Gallery, 런던.

* 밀레이는 테니슨의 시 「마리아나」를 그림으로 그렸고, 테니슨은 셰익스피어의 「법에는 법대로(Measure for Measure)」를 읽고 시 「마리아나」를 썼다. 테니슨의 '마리아나'는 퇴락한 농촌에 감금되어 있으나, 밀레이의 '마리아나'는 화려한 스테인드글라스가 있는 방에서 창밖을 보며 무엇인가를 기다리고 있는 요염한 모습이다.

흑장미 정원
— 그레이스 켈리 〈장미정원〉

은하수가 무성한 지중해
세상 영화가
고운 달빛 가루로 부서지는 정원

해가 뜨면 아침이슬처럼
사라질 꿈이라 해도
그대를 꿈꾸고 있다
나의 클레오파트라여

이 세상에 눈을 뜨는 순간부터
사랑 없이는 무슨 동력으로
삶의 기차를 움직일 수 있을까

모나코에 있는 '장미정원'은 그레이스 켈리(Grace Kelly, 1929-1982)를 추모하기 위한 공원이다. '클레오파트라'라는 이름을 가진 흑장미가 아름답게 피어 있다.

소라껍질 속 축제 마당
― 장 콕토 미술관

지중해를 휘졌던 붕(鵬)새
시와 영화와 미술까지
망통 해변 튼튼한 성곽에 다 모아
거나하게 축제를 벌이고 있다

창밖 청남색 파도는
하얀 포말 사이사이에
천국에서 훔쳐 온 노래를
맛깔스럽게 버무리고

성안 구석구석에서는
예술 보따리에 감춰진 비밀을
살그머니 한 자락씩 보여 준다

내 귀는 소라껍질
그대가 불러 주는
푸른 노랫가락을 베고
긴 잠에 들고 싶다

장 콕토 미술관은 지중해 해변 망통 바닷가에 있는 작은 성에 마련되어 있다. 장 콕토(Jean Cocteau, 1889-1963)가 그린 그림, 감독한 영화, 그리고 장 콕토가 쓴 시 등을 만날 수 있다.

네덜란드 모나리자에게
― 페르메이르 〈어린 소녀의 초상〉

그림 속에서
이름을 얻은 그대
무엇을 말하고 싶은가
가던 길을 멈추고
돌아보며 돌아보며
은근한 미소로 대신하는
속 깊은 사랑 이야기

칠흑 같은 배경 속에서
마침내 혼불을 보았는가
나를 향한 간절한
당신의 눈빛 속에서
감추어진 나라의 비밀을
어렴풋이 읽어 낸다

페르메이르(Johannes Jan Vermeer, 1632-1675), 〈어린 소녀의 초상(Portrait of a young woman)〉, 1665-67, 캔버스에 유채, 44.5x40cm, 메트로폴리탄 미술관, 뉴욕.

* 페르메이르의 작품 중 가장 유명하고 대중적으로 인기가 높은 〈진주 귀고리를 한 소녀(Girl with a Pearl Earring)〉(마우리츠하이스 왕립미술관)에게 없는 미소가 이 그림에는 있어 '네덜란드의 모나리자'라 불린다.

몽환 속으로
― 로트랙, 〈물랭루즈에서 춤〉

물랭루즈에 가면
딱딱한 세상의 명제보다
훈훈한 춤이 있구요
울타리가 촘촘한 책보다는
모든 것이 열려 있는
노래와 웃음이
하루의 텃밭을 기름지게 하지요

우리의 시간은
햇빛보다 달빛이 그리운
아주 짧은 단편
길게 산들 무슨 의미가 있나요?
몽환 속에서
잠깐이면 되지 않나요?

로트렉(Henri de Toulouse Lautrec, 1864-1901), 〈물랭 루즈에서, 춤(At the Moulin Rouge, The Dance)〉, 1890, 캔버스에 유채, 116×150cm, 필라델피아 미술관.

그대 앞에만 서면
— 로스코 〈No. 3 / No. 13〉

차갑고 매캐한 언어가
우리를 꽁꽁 얼리는
이 시대를 마주하고 섰을 때도
그대를 만나면
온몸에 열기가 퍼지고
검은 심연 속에서
희망이 희뿌옇게나마
평안이라는 이름으로 솟아올라
벌거벗은 영혼을 감싸 줍니다

색깔로 마술을 부리는 그대는
또 하나의 그리스도

* 로스코(Mark Rothko, 1930-1970), 〈No.3 / No. 13 : Magenta, Black, Green on Orange〉, 1949, 216.5×164.8cm, 캔버스에 유채, 뉴욕 현대미술관(MoMA)

* 로스코는 러시아 출신의 미국 화가로 추상표현주의 작품을 그렸다. 구름같이 윤곽이 모호한 사각형에 가까운 색면을 배열하여 색채의 미묘한 조화를 나타낸다.

마우리치오 카텔란 〈코미디언〉

그녀는 병맛
yBa, Super Flat, Political Pop
컴퓨터 쓰레기통을 뒤지며 산다
피부미용실에 전시되어 있다
거울 앞에서 새치를 뽑으며
"죽이고 싶다
No를 No라고 받아들이는 그놈"

무대 위에서
홀딱 벗고 싶은 마음 굴뚝같지만
한눈파는 놈이 있을까 봐 그만둔다
왜 이리 하품나는 세상인지
벽에 테이프로 붙여 놓은 바나나가
거시기로 벌떡 일어나 조롱한다
그녀는 잉여족

* 이탈리아 행위 예술가 마우리치오 카텔란(Maurizio Cattelan: 1960-)이 2019년 12월 미국의 아트 바젤 전시장 벽에 바나나 한 개를 테이프로 붙여놓고 〈코미디언〉이라 명명했는데, 약 12만 달러에 팔렸다. 어차피 썩어 없어지는 바나나 자체보다 작품의 컨셉이 중요한 것이다.

우리들의 연인
— 고흐 〈슬픔〉

잔뜩 웅크린 채 얼굴을 파묻고 있다
슬픔은 말하지 않는 것
생의 버거움을 고스란히 받치고 있는 어깨 위로
헝클어져 내린 머리카락
보이지 않는 손에 의해 살아야 하는
슬프지도 기쁘지도 않은
그림자가 짙게 드리워져 있다

그녀의 마음에는
한 사내만을 사랑해야 한다는
옹이가 박혀 있지 않아
늘어진 젖가슴으로
사내들의 등을 토닥이며
누구에게나 기쁨을 나눠줄 수 있다

오늘 그녀를 보았다
고흐의 그림 속에서
틀 속에 갇혀 있던 슬픔이
무한 자유를 누리고 있는 것을

고흐(Vincent van Gogh, 1853-1890), 〈슬픔(Sorrow)〉, 1882, 석판화(Lithograph), 23.4× 31.2cm, 크뢸러뮐러 미술관(Kröller-Müller Museum), 네덜란드.

새로운 세상을 여는 여인들
— 피카소 〈아비뇽의 처녀들〉

아프리카에서 빌려온 마스크를
비너스가 쓰고 있다*
바르셀로나 아비뇽, 거리의 여인들
새로운 세상의 문을 열었다

숱한 화가들이
신화의 나라에서 건져 올린
뭇 남성들의 완구
비너스와 창녀는 원래 하나
그러나 항상
역사를 뒤바꾸어 놓을 때는
주연이 되고 있다

시간과 공간이 충돌한
색정과 색깔들의 입방체
불편한 그러나 뭉클한 춤사위
그림의 역사를 새로 썼다

* 피카소(1881-1973), 〈아비뇽의 처녀들〉, 1907, 캔버스에 유화, 243.9× 233.7cm, 뉴욕 현대미술관(MoMA).

* "나쁜 예술가는 베끼고, 좋은 예술가는 훔친다"고 말한 피카소. 〈아비뇽의 처녀들〉에서 유명한 선배 화가들의 비너스 그림에서 볼 수 있는 자세를 발견할 수 있다.

그림 속으로의 항해
— 르누와르 〈쿠션에 기댄 누드〉

육체의 곡선과 마음의 직선이 교차하는 그곳
살냄새 향긋한 빛을 따라가면
욕망조차 허락지 않는 아름답게 벗은 몸매

몽실몽실한 에덴의 사과 두 알
어느 누구에게나 사랑의 화산
이브가 동산에서 훔쳐 나온

'여성의 젖가슴을 신이 만들지 않았더라면
나는 화가가 되지 않았다'*고 했던
그의 지갑은 항상 비어 있고
손 마디마디 류머티즘이 붓을 떨게 했지만
그림은 영혼을 맑게 씻어주는 선물이어서
'여성을 위한 여성의 그림만 마음에 담으면
세상 고난의 삽질이어도 기쁨을 캐낼 수 있다'

르누아르 누드화 화폭에서
우리들의 행복은
끝없는 항해를 하고 있다

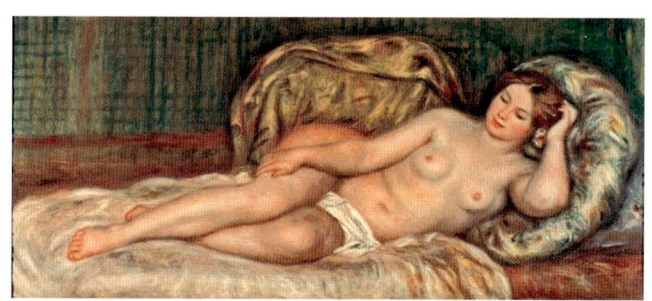

르누아르(Auguste Renoi, 1841-1919), 〈쿠션에 기댄 누드(Nude on a Cushion)〉, 1907, 캔버스에 유화, 92×73cm, 오르세 미술관, 파리.

* 르누아르 특별전(2009. 5. 28.-9. 13) 도록, 서울시립미술관. 르누아르는 여성의 아름다움을 경외했으며, 어려운 환경을 기쁨으로 환생시킨 행복 마술사였다.

사랑은 꿈으로 날다
― 샤갈 〈도시 위에서〉

도시의 일상 위로
핑크빛 하늘을 유영하는 연인들
삶의 오르가슴이 물결친다

멀리서 보면
판자촌도 천국 마을을 닮아 있고
세상 고통도 향기롭다
엉덩이를 까고 볼일을 보는 사내도
저 아래로 내려다보면
한 폭의 동화 나라

일상은 가까이할수록 쓰레기통 속이다
그래서 우리는 사랑을 지키기 위해
하늘을 날고 꿈꾸기를 포기할 수 없다

언어는 꿈속을 헤매어도
펜 끝이 뭉툭해지도록
피눈물을 흘리고 있다
'삶과 예술의 의미를 주는
단 하나의 빛깔인
사랑의 색깔'*을 찾기 위해

* 샤갈(Marc Chagal, 1887-1985), 〈도시 위에서(Above the City)〉, 1918, 캔버스에 유화, 120×90cm, 뉴욕 현대미술관(MoMA).

* 샤갈 전시회 도록, 서울시립미술관, 2010. 12. 3.-2011. 3. 27.

순간의 행복
— 피카소 〈꿈〉

꿈과 현실을 넘나드는 사랑의 교향악
그 한 악장이 되어
누구에게나 바쳐져도 좋을
세상 곡선으로 춤을 추며
천상을 꿈꾸고 있다

비너스로부터 유전된 관능은
화폭에 젖어 있는데
꿈속에서 만난 그녀에게서
무슨 신탁을 들었을까
'이 세상의 행복은 한순간
순간이기에 더 행복하다'는?

이별의 아픔도
교향곡 마디마디에 용해되면
아름다운 삶의 냄새가 될까?
세상의 고통을 치유하는
한 방울의 아편 같은 사랑
그러나
꿈을 깨면?

* 피카소(Pablo Picass, 1881-1973), 〈꿈(Le Rêve)〉, 1932, 캔버스에 유화, 130×97cm, 개인 소장.

* 〈꿈〉은 피카소가 당시 연인이었던 월터(Marie-Thérèse Walter)를 모델로 그렸다.

신(神)의 인내
— 렘브란트 〈탕자의 귀향〉

아들의 모든 허물을
토닥토닥 다독이며 덮고 있는
아버지의 두 손은
환한 등불이 되어 세상을 밝히고 있다
죄를 죄로 단죄했더라면
이 세상에 인간은 씨도 말라버렸으리

어둠을 빛으로 그려내는 붓질이 있어
세상은 아직 살 만하다

사랑의 빛이 검은색으로 칠해지는 그날
이 세상은 문을 닫고
새로운 캔버스에
하나님은 에덴을 다시 그리시겠지만,

패악의 게임이 벌어지고 있는
여의도 서쪽 거대한 무덤* 속을 들여다보면
또다시 노아는 방주를 만들어야 하지만,

끝까지 참으실 것이다
이 세상에 무지개를 주신 것을

기억하시는 한

렘브란트(Hendrick Rembrandt, 1606-1669), 〈탕자의 귀향(The Return of the Prodigal Son)〉, 1669, 캔버스에 유화, 262×205cm, 에르미타쥬미술관, 러시아.

* 여의도 국회의사당

아무리 숭고해도 늘릴 수 없는 시간
　— 달리의 조각 〈시간의 숭고〉

시계를 반죽하여 길게 늘여도
그림 속 바늘은 서 있지만
째깍째깍 뒤에 있는 소리는 멈추지 않는다

시계는 왕관을 쓰고
세월을 거부하려
몇 안 남은 이파리로 애쓰고 있는
나무를 삐딱하게 깔고 앉아
세상을 짓누른다

12시 30분을 가리키고 있는 시계
한밤중 혹은 한낮을 조금 지난
그 어느 시간이나 백성들은
사는 것이 그저 졸릴 뿐이다

계절의 순환은 우리의 의지와 상관없이
생명마저도 **뺑뺑**이를 돌린다
백성으로 거느린 이 땅의 벌거벗은 여인과
우리와는 다른 세상에 산다는 천사조차도
인간의 DNA에 절어 있는 슬픔을 떨칠 수는 없다

시계는 아무리 반죽하여 늘리고 늘려놓아도
빈틈없이 째깍째깍 돌아가고
온 우주도 녹슬어 가고 있다

* 달리(Salvador Dali, 1904-1989)의 조각, 〈시간의 숭고(Nobility of Time)〉, 원형 디자인은 1977년, 브론즈 주조본은 1984년, 약 90×72×154cm.(설치된 버전에 따라 크기가 다를 수 있으며, 전 세계 여러 곳에 설치됨)

* 2004년 서울 '예술의 전당'에서 개최된 살바도르 달리 탄생 100주년 기념 전시회에서 만날 수 있었다.

든든한 등불
— 엘 그레코 〈베드로의 눈물〉

누군들 두려움과 욕망에
흔들리지 않으리 마는
늦지 않게 옷매무새 다잡은
베드로의 진한 눈물은
꽃길 안내자가 되었습니다

상처가 많을수록 더욱
따뜻하게 토닥이는
내 님의 손길

가슴 북받치는 눈물에는
하늘나라가 선명합니다

엘 그레코(El Greco, 1541-1614), 〈베드로의 눈물(Las larimas de San Pedro)〉, 1606-07, 캔버스에 유화, 102x84cm, 톨레도 대성당, 스페인.

* 엘 그레코 〈베드로의 눈물〉 연작은 전 세계 미술관과 성당 등에 최소한 16편이 남아 있고, 그중에서 엘 그레코의 진품으로 여겨지는 그림이 6편 정도라고 한다.

하나님의 얼굴
— 블레이크 〈아담을 창조하는 하나님〉

사랑이라는 단어 하나로
응축된 하나님이지만
사람 수만큼 다양한 모습으로
머릿속에 가슴속에 그려지고 있네

블레이크가 그린
이마고 데이(Imago Dei)
멀리서 보면
알 수 없는 두려움으로
옴짝달싹할 수 없어도

예술이든 종교든 학문이든
미친 듯 가까이 파고들면
심연에서 로고스(logos)가
우주 만물로 이루어진 오케스트라를
지휘하고 있는 것을 보리라

블레이크(William Blake, 1757-1827), 〈아담을 창조하신 하나님(Elohim Creating Adam)〉, 1795, Colour print, ink and watercolour on paper, 43.1x53.6cm, Tate Britain, 런던.

*Imago Dei: 하나님의 형상. 성경에 의하면 최초에 인간은 하나님의 형상을 닮게 창조되었다.

멀리서 우는 요령 소리
— 밀레 〈만종〉

석양이 부부의 어깨를 다독일 때
아픔을 전송하는 기도
어서 가라 어서 가라 종소리는
이승에 머무는 시간이 짧을수록
은총이라 재촉하고 있다

고난이 그림자로 따라붙는
이 세상을 뒤로하고
고향으로 가는 축복의 길이어도
아담과 이브가 한없이 밉다

너는 나사로와 함께
천국에 있겠지만
고개 숙인 기도 속에서
아무리 찾아 헤매어도
우리 눈엔 보이지 않는구나

밀레(Jean-François Millet, 1814-1875), 〈만종(L'Angélus)〉, 1857-59, 캔버스에 유채, 55.5x66cm, 오르세 미술관, 파리.

* X-ray 투시 결과, 밀레 〈만종〉의 원래 밑그림에는 감자 바구니 대신 아이의 주검이 담긴 상자가 있었다고 한다.

여인의 의미로운 꽃
— 오키프 〈검은 아이리스 III〉

섹스는 살아 있음의 정수

아이리스 꽃잎과 꽃술
흑청색과 분홍색의 놀라운 조화
신은 여인의 몸에
우주를 응축하여 조각하였네

어떤 철학과 종교가
이 검붉은 꽃을
피어나게 할 수 있으리

예술가만이
창조주의 세계까지 유영하여
사랑의 환희를 찾아내서는
글과 그림과 음악으로
향기로운 세상을 만들 수 있네

* 오키프(Georgia O'Keeffe, 1887-1986), 〈검은 아리리스 III (Black Iris III)〉, 1926, 캔버스에 유채, 91.4x75.9cm, 메트로폴리탄 미술관, 뉴욕.

* 〈검은 아이리스 III〉은 아이리스꽃이 여성 성기를 연상케 그려져 있다.

POWER & MONEY로 만든 신호등
― 김동유 〈마릴린 먼로 vs 마오 주석〉

* 2006년 5월에 홍콩 크리스티에서 열린 아시아 현대미술 경매에서 김동유(1965-)의 유화 〈마릴린 먼로 Vs 마오 주석〉(130x162cm, 2005, 캔버스에 유채)이 258만 4000홍콩달러(약 3억 2300만 원)에 낙찰되었다. 김동유는 작은 픽셀로 된 마오쩌둥의 초상을 이용해 마릴린 먼로의 얼굴을 화면 가득 그렸다.
* 새로운 자본주의와 민주주의에 대한 기다림이라는 주제를 담고 있는 이 시는 '디지털 시'로 제작되어야 한다. 배경음악은 밥 딜런의 〈바람만이 아는 대답(Blowin' In The Wind)〉의 멜로디이다. 'Money', 'Power', '사랑'을 나타내는 여러 나라 단어 글씨는 색의 3원색으로, '마릴린먼로vs마오주석'은 검은색(3원색의 총합)으로, 네온처럼 명멸한다. 꽃잎은 김동유의 원래 그림이 축소되어 바람에 나부끼는 것처럼 흔들린다. 먼로의 머리, 눈썹, 입술도 색의 3원색으로 되어 있으며, 눈썹과 입술은 움직이고 있다. 이 디지털 시의 김동유 그림을 클릭하면, 자본주의와 민주주의의 역사와 장단점을 읽을 수 있다. '사랑', '돈', '권력'을 의미하는 단어들을 클릭하면, 꽃잎에 우리말로 설명된 내용을 해당국 언어로 읽을 수 있다.

자본주의와 민주주의가 어떻게 진화되어야 할 것인지 관심을 불러일으키려는 의도로 기획되었다. 돈과 섹스와 권력은 인류의 가장 근본적인 욕망이고, 자본주의는 이 셋을 향유하기 위한 투쟁이라고 볼 수 있다. 이 셋을 마음대로 향유할 수 있는 사람은 극소수에 불과하므로, 민주주의는 이 셋을 골고루 나누어 갖자는 투쟁의 이념인 셈이다. 그러나 지금 대다수 민중에게는 그림의 떡일 수밖에 없다. 자본주의와 민주주의는 행복지수를 높여주지 못하고 있으며, 여전히 많은 사람은 돈과 섹스와 권력을 남보다 많이 향유하기 위한 투쟁이라는 질곡으로부터의 해방과 구원을 꿈꾸고 있다. 과거의 모든 화려한 문화가 소수의 가진 사람들의 역사였던 것처럼, 여전히 지금도 돈과 권력과 섹스의 역사는 가진 사람들이 써가고 있다. 따라서 여러 가지 사회 및 정치 시스템을 통해 보다 나은 자본주의, 보다 나은 민주주의를 어떻게 만들어 나갈 것인가를 끊임없이 모색하겠지만, 워낙 인간의 욕망이 순정하지만은 아니하기에 정답은 얻기가 불가능하다. 그렇다고 포기할 수 없는 것이 인간의 숙명이 아닐까 싶다.

제3부
음악을 품은 시(詩)

사랑은 여백
— 테오도라키스 〈기차는 8시에 떠나네〉

'함께 나눈 시간은 썰물처럼 멀어지고
비밀을 품은 당신은
영원히 돌아오지 않으리'

언젠가는 갈 수 있겠지
아쉬워했던 길
사랑은 그 길 모롱이 어디쯤 살고 있는가
다음 세상에서 만나기 위해
남겨두어야 하는 여백은 아닌지

욕정이 소용돌이치던 장미도
계절의 끝물에는
한잎 두잎 시들어 가고
또 다른 계절이 오면 피어날
꿈으로나마
영글어 가는 것을

---

* 그리스의 미키스 테오도라키스(Mikis Theodorakis, 1925-2021)가 작곡한 〈기차는 8시에 떠나네〉. 당시 나치에 저항한 그리스의 한 젊은 레지스탕스를 위해 만들어졌으며, 카타리나로 떠나 돌아올 줄 모르는 청년 레지스탕스를 기다리는 여심(女心)이 그려져 있다.

악보 속의 화단
— 베토벤 〈엘리제를 위하여〉

건반에서 춤을 추는
무용수의 치마폭에서
나풀대는 향기가
무대를 가득 메우고
하늘 끝에 이르면
유성우로 쏟아진다.

사랑은
악보 속 화단에서
꽃으로 피어난다
혹독한 겨울이 와도
따스한 빛깔로 살아있을.

황량한 마음 밭에
한 그루의 노래를 심고
오아시스를 세우려 한다
모래바람에 묻히고
또 묻힌다 해도.

* 베토벤(Ludwig van Beethoven, 1770-1827)이 작곡한 〈Für Elise〉.

사랑의 환상
— 푸치니 오페라 〈나비부인〉의 아리아 〈어느 개인 날〉

우리는 본래
붙잡으면 달아나고 싶은,
사랑하면서도 이별을 꿈꾸는,
천국에 있어도 지옥이 궁금한,
천형의 형벌 속에 살고 있는 나그네.

에덴동산에서 뱀은
주어진 임무를 성실히 수행했지
아담과 하와가 서로 불신하며
잘 못을 떠넘기고 있네

그런데도 여전히 우리는
청정한 사랑을 꿈꾸며
서로를 학대하고 있는 것은 아닌가

이루지 못할 꿈속을 유영하며
픽션을 써가고 있는
카인의 후예

* 〈어느 개인 날〉: 푸치니(G. Puccini, 1858-1924)의 오페라 〈나비부인〉 2막에서 나비부인 초초상이 부르는 소프라노 아리아. 일본에서 계약결혼으로 살다가 본국으로 떠난 해군 중위였던 남편 핀커튼이 돌아오기만을 애타게 기다리는 나비부인의 순정을 담고 있다. 하녀 스즈키는 '외국인 남자는 모두 한 번 가면 오지 않는다'고 말하자 나비부인은 〈어느 개인 날(Un bel di, vedremo)〉을 부르며 그럴 리가 없다고 대꾸한다.

사랑은 이별과 친구
— 차이코프스키 〈백조의 호수〉

우연한 만남이 코뚜레가 되어
한평생이
천국으로 혹은
지옥으로 가는 여행
누구도 손 쓸 수 없는 긴 이야기가 된다

사랑으로 장난치는 마법 천지
권선징악은 우연의 결과물일 뿐
악인의 말로가 나쁜 것만은 아닌 이승

막연한 기대의 끈을 붙들고라도
하루하루를 열심히 살아내야 하는
천형의 굴레를
아담과 이브가 물려 주었다

어둠을 밝음으로 현혹하는
하얗고 부드러운 춤과
고통을 다독이는 음률로
한평생을 수동태로 살아야 한다

* 차이코프스키(N.V. Chaykovsky, 1851-1926)의 발레음악 〈백조의 호수〉는 마법에 걸려 백조가 되어 버린 오데뜨 공주의 이야기. 〈백조의 호수〉의 결말은 연출자에 따라 악마와 싸우다 두 사람이 함께 죽는 것, 왕자는 죽고 오데트는 백조로 남는 것 혹은 사랑의 힘으로 악마를 물리치는 것 등 달라진다.

심연으로의 유영
— 빌헬르미 〈G선상의 아리아〉

깊은 산속 정갈한 옹달샘으로 부르는
굵고 낮은 초대장

내님께서 마련해 두신 동산에서
시간의 손아귀에서 벗어나
오염되지 않은 사랑
맑고 밝은 군무가 펼쳐진다

세상에 떠도는 사랑은
온갖 욕망으로 오염되어
그냥 그러려니 살지 않고서는
제정신으로는
써 갈 수 없는 일기장

그대는 모든 삶의 쓰라림을
다독이는 마약
굵고 낮은 선율에 올라타 본다

* 〈G선상의 아리아〉는 바흐(J.S. Bach, 1685-1750)의 관현악 모음곡 3번 라 장조의 아리아를 빌헬르미(August Wilhelmj, 1845-1908)가 편곡한 것이다. 아리아는 통상 느리고 자유롭게 연주되며, 화음과 선율이 어우러진다.

'죽은 왕녀를 위한 파반느'
— 모리스 라벨 〈죽은 왕녀를 위한 파반느〉

짧은 생을 험하게 마감하고도
영원한 음악 속에서
춤추고 있는 그대

이 세상에서
오염되지 않은 사랑으로
오염되지 않은 행복으로
살도록 내버려 두지 않는 형벌

아주 짧게 살아
때 묻을 틈도 없이
슬프지만 슬프지도 않을
춤을 추고 간
그대를 부러워한다

길게 살수록
사진첩에는 고통의 기록만 꽂힐 뿐
짧은 마감은 얼마나 단정한가

* 모리스 라벨(M. Ravel, 1875-1937) 〈죽은 왕녀를 위한 파반느〉는 스페인 화가 벨라스케즈가 그린 〈왕녀 마가레타의 초상〉을 보고 영감을 받아 작곡한 춤곡(파반느). 왕녀는 아이를 낳다가 짧은 생을 마감했다.

제4부
그림과 시에 관한 에세이

미술과 시에 어린 키스의 향기

사랑은 만물의 근원이자 인간 삶의 원리다. 사랑은 그 모양이 천차만별이고 사람의 숫자만큼 다를 것이다. 사랑의 시작을 알리는 키스는 오감 즉, 보고, 듣고, 맛보고, 향기, 촉감 모두를 향기롭게 한다. 우리는 때로 이같은 감각 기관으로 받아들인 정보 이외의 것을 직관적으로 느끼는데, 이를 육감(六感)이라고 한다. 키스는 육감으로 사랑을 느낀다.

'키스'라는 주제로 만들어진 예술작품이 적지 않다. 조각에서는 프랑스 출신 로댕의 〈키스〉와, 로댕의 조수로 일한 적이 있는 루마니아 출신 부랑쿠시의 〈키스〉가 서로 다른 아름다움을 풍기고 있다. 그림에서는 클림트의 〈키스〉와, 이를 모방한 에곤 실레의 〈추기경과 수녀〉가 전혀 다른 분위기를 발산하고 있다.

시에서도 한용운의 「님의 침묵」에 나오는 '날카로운 첫 키스의 추억'은 운명을 바꿔놓고, 루이스 라베의 「소네트 18」에서는 '그대의 슬픔을 없애 드리는 행복한 키스'가 된다.

1. 로댕과 부랑쿠시의 조각

유부남이었던 로댕은 주로 로댕을 따르는 조각가 카미유 클로델과 화가 그웬 존 같은 어린 예술가들과 사랑을 나눴다. 내가 유럽 미술관 순례 중에 로댕미술관을 방문했을 때 처음 만난 로댕의 〈키스〉는 사실적이며 에로틱하였고, 차가운 대리석

로댕(1840-1917) 〈키스〉, 1888-98년, 대리석, 약 181.5×112.5×117cm, 로댕미술관, 파리.

으로 뜨거운 열정을 표현하고 있었다.

 이 작품은 로댕이 단테의 『신곡』에서 영향을 받아 만든 작품 〈지옥의 문〉을 위해 구상한 것이라고 한다. 단테의 『신곡』 중 지옥편에 등장하는 형수 프란체스카와 시동생 파올로는 불

부랑쿠시(1876-7), 〈키스〉, 1907-1908, 석회석, 약 28×25×20cm, 미국 필라델피아 미술관.

륜이 탄로나 죽게 되어 지옥에서 서로를 끌어안은 채 떠도는 영혼이 되었다.

   브랑쿠시는 조각을 배우려 1903년 스물일곱에 파리로 와서 로댕의 문하생이 되었다. 하지만 얼마 되지 않아 로댕을 떠나 추상 조각에 매달렸다. 브랑쿠시의 〈키스〉는 로댕의 로맨틱한 〈키스〉와는 전혀 다른 분위기다. 로댕이 사실적인 인체 표현에 주력했다면 브랑쿠시는 입체주의 화가 그림에서 영감을 받아 작품을 만들었다.

2. 클림트와 에곤 실레의 그림

 클림트와 에곤 실레도 각별한 사이지만 작품세계는 다르다. 에곤 실레는 미술학교를 포기하고 28세나 연상인 클림트를 찾아가 문하생이 되었다. 클림트는 실레의 그림을 사주기도 했고 후원자도 소개해 주었다. 클림트가 사망했을 때 그의 마지막 모습을 스케치하기도 했다. 클림트가 죽은 해에 요절한 실레는 몽환적이고 에로틱한 남녀의 키스를 그린 클림트와 달리, 〈추기경과 수녀〉를 비롯한 많은 작품에서 성적 욕망과 내

클림트(1862-1918), 〈키스〉, 1907-8, 180×180cm, 캔버스에 유채 및 금박, 벨베데레 궁전 미술관, 오스트리아, 빈.

에곤 실레(1890-1918), 〈추기경과 수녀〉, 1912, 캔버스에 유채, 140.2×110.5cm, 레오폴트 미술관, 오스트리아, 빈.

적 고뇌를 적나라하게 표현하고 있다.

독신인 클림트는 귀족 부인부터 창녀까지 귀천을 가리지 않고 쾌락에 탐닉했다고 전해진다. 클림트의 〈키스〉에서 눈을 감은 여인의 표정은 황홀경에 젖어 있다. 금욕생활을 해야 하는 추기경과 수녀의 키스를 그린 실레의 〈추기경과 수녀〉에서 눈을 동그랗게 뜬 수녀는 '이래서는 안 되는데…' 하며 관람자를 바라보고 있다.

로댕의 〈키스〉는 단테의 지옥편에 어울리는 '육체적 쾌락에 매몰되어 있는 키스'라면, 브랑쿠시의 〈키스〉는 '영혼의 교감이 있는 사랑의 키스'라고 읽을 수 있겠다. 클림트의 〈키스〉는

'농염한 키스'지만, 에곤 실레의 〈추기경과 수녀〉의 키스는 '남들이 볼까 봐 전전긍긍하고 있는 키스'로 읽힌다.

3. 시(詩)에 담긴 키스

사랑은 역사의 동력이다. 사랑은 모든 생명체의 존재 근거다. 그러기에 사랑이 빠진 이야기와 그림은 오랜 감동을 줄 수 없다. 사랑의 시작을 알리는 키스는 우리의 영혼과 육체 모두를 흔들어대는 사건이다.

> 날카로운 첫 키스의 추억(追憶)은 나의 운명(運命)의 지침(指針)을 돌려 놓고, 뒷걸음쳐서 사라졌습니다.
> 나는 향기로운 님의 말소리에 귀먹고, 꽃다운 님의 얼굴에 눈멀었습니다.
> (……)
> 우리는 만날 때에 떠날 것을 염려하는 것과 같이, 떠날 때에 다시 만날 것을 믿습니다.
> 아아, 님은 갔지마는 나는 님을 보내지 아니하였습니다.
> ― 한용운 「님의 침묵」 부분

한용운(1879-1944)이 말하는 '님'은 누구인가? 그것을 한용운에게 물어보거나 그의 삶의 기록을 들추어 누군지를 추측할 일이 아니다. 이 '시를 읽은 사람의 님'이기 때문이다. 모든 예술작품은 작가를 떠나 수용자에게 해석의 주권이 주어진다.

첫 키스는 사랑의 시작을 알리는 총성이다. 달리기할 때 출발을 알리는 총성처럼. 사랑의 대상이 아름다운 관계든, 남이

보기에는 부적절한 사랑이든, 절대자에 대한 거룩한 것이든,
모두 한 사람의 운명을 바꾸어 놓기에 충분하다.

> 더 많이 입 맞추어 주고, 한 번 더 그리고 또 한 번 더.
> 그대의 가장 달콤한 입맞춤을,
> 그대의 가장 뜨거운 입맞춤을,
> 나도 나의 가장 뜨거운 것을 네 번 돌려 드려요.
> 아 그대는 슬픈가요? 내가 슬픔을 없애드리지요.
> 열 번 계속해서 입 맞추어 드리겠어요.
> 그리고 이처럼 행복한 키스를 되풀이하며
> 우리 둘이 마음껏 즐겨 봅시다.
> ― 루이즈 라베 「소네트 18」 부분
> (민희식 손무영 편역, 『신 프랑스 명시선』, 문학의문학, 2019.)

'관능적인 정열을 싱싱하게 노래한' 르네상스 시대의 대표적인 여류 시인 루이스 라베(1524-1566)가 쓴 이 시는, 당시 사랑하는 사람과의 사랑을 노래한 것이라고 한다. 이 시를 원어(불어)로 읽으면 더 분위기 있는 키스의 향기가 물씬 묻어날 것 같다. 누구에게는 식상한 단어들의 나열이라고 할 수도 있지만 갓 사랑하기 시작한 사람들에게는 감동적인 시가 될 수 있다. 시는 읽는 사람은 물론, 시간과 장소에 따라 맛이 다르다. 똑같은 시어라도 항상 똑같은 느낌을 주는 것이 아니다.

시(詩)답지 않은 속어도 예술 영역 안에 들어오면 좋은 시가 된다. 거리에 굴러다니는 찌그러진 깡통도 미술 전시장에 그럴듯한 스토리텔링을 달고 모습을 드러내면 예술작품이 될 수

있다.

　필자는 시와 미술을 좋아해서 언어와 색의 사용에 무척 신경을 쓴다. 똑같은 색과 언어라 하더라도 조합에 따라, 있는 위치에 따라 아주 다양한 분위기를 연출한다.
　루이즈 라베의 이 시는 물론, 로댕의 키스, 불랑쿠시의 입맞춤, 클림트의 입술 애무, 추기경의 뽀뽀도 다 마음에 와닿는다. 설혹 불륜의 키스면 좀 어떤가. 키스는 그 자체로 사랑의 신호이며 인류의 존재를 확고히 해주는 활력소다.

이브의 두 얼굴, 성(聖)과 속(俗)[1]

1. 이브, 성모마리아 그리고 비너스

인류 정신사(精神史)에 가장 큰 자리를 차지하고 있는 여성은 창세기에 나와 있는 에덴의 이브(Eva)와 헬브라이즘의 성모마리아(Ave) 그리고 헬레니즘의 비너스(아프로디테)가 아닐까 싶다.

스페인 알폰소 현왕(Alfonso X de Castilla el Sabio, 1221-1284)이 지은 『성모마리아 찬가』 70번에 이브와 성모마리아와의 치이를 다음과 같이 읊고 있다. 여기서 성모마리아를 상징하는 아베(Ave)와 아담의 아내 이브(Eva)에 대한 두 스페인어 단어는 철자 순서가 정반대이기 때문에 유사하면서 상반되는 두 의미로서 상징적인 효과를 나타낸다.

> 이브(Eva)가 비록 우리에게서
> 천국과 하나님을 빼앗아갔지만
> 아베(Ave)는 우리에게
> 그것을 돌려주었습니다.
> (……)
> 비록 이브는 우리를
> 악마의 사슬에 묶이도록 했지만

---

[1] 그림에 관한 설명과 사진은 필자의 미술관순례기 『화폭에서 시를 읽다』(시문학사, 2018)와, E.H.곰부리치 저, 백승길·이종승 역, 『서양미술사』(예경, 2010)를 참조하거나 인용하였다.

아베는 우리를 그로부터
해방시켜주었습니다.

(……)

이브는 우리가 하나님에 대한
사랑과 의를 상실하게 했지만
아베는 우리가 그것을
되찾게 해주었습니다.

(……)

이브는 우리에게 하늘 문을
잠그고 열쇠를 버렸지만
마리아는 "아베"라고 말하며
그 문을 부수고 열었습니다.

— 알폰소 현왕 저, 백승욱 역, 『성모마리아 찬가』 부분
(아카넷, 2019.)

구약성서 창세기에 의하면 하나님은 인류를 하나님 모습(imago dei)을 닮게 창조하셨다. 그러나 사탄의 꼬임에 빠져 금단의 열매인 선악과를 먹고 원죄를 안고 살아가는 존재가 되었다. 선악과를 먹기 이전의 이브는 성모마리아에 가깝다면, 비너스는 죄의 유전자를 갖게 된 이브의 모습이라고 할 수 있겠다.

정신적 아름다움을 표상(表象)하는 성모마리아와 육체적 아름다움을 내세우는 비너스에 관한 그림과 시(詩)를 통해 여성의 아름다움에 관한 생각을 다듬어 보자.

2. 성모마리아 그림

 초기 기독교에서는 성모마리아를 주제로 한 그림이 드물었으나, 431년 에페소 공의회에서 마리아를 '하나님의 어머니'라고 공식 선언한 이후부터 많이 그려졌다.

 실제 얼굴을 알 수 없으므로 화가들은 현실 속의 모델을 주로 사용했다. 라파엘로는 자기 애인을 모델로 삼았고 카라바조는 창녀를 모델로 삼아 문제가 되기도 했다.

 레오나르도 다빈치는 〈암굴의 성모(The Virgin of the Rocks)〉를 약간 다르게 두 점을 그렸으며, 영국 내셔널 갤러리(1495-1508, 유화, 189.5×120cm)와 프랑스 루브르 미술관(1483-86, 유화, 199×122cm)에서 만날 수 있다. 초현실주의 화가 에른스트(Max Ernst, 1891-1976)는 〈세 명의 목격자 앞에서 아기 예수를 체벌하는 성모: 아드레 브르통, 폴 엘뤼아르, 그리고 예술가〉(1926, 유화, 196×130cm, 쾰른 루드비히 미술관)를 그렸는데, 우아하고 거룩한 성모의 선입견에서 벗어나 예수의 후광이 바닥에 나뒹굴 정도로 사정없이 아기 예수의 엉덩이를 때리는 모습이다.

 곰부리치가 "라파엘로가 그린 〈대공의 성모(The Graduca Madonna)〉는 후대들에게 성모의 진정한 모습으로 받아들여지게 되었다. 입체감 있게 묘사되어 어둠 속으로 물러나는 성모의 얼굴, 자연스럽게 늘어뜨려진 옷자락 속에 싸인 육체의 볼륨, 아기 예수를 안고 있는 성모의 확고하고 애정어린 자세 등 모든 것이 완벽한 균형을 이루고 있다. 마치 이것 이외의 다른 모습으로 보일 수 없으며, 태초부터 그렇게 존재했던 것처럼 보인다."고 주장하고 있듯이, 성모마리아에 관한 많은 그림 중에 대표적인 그림으로 여겨지고 있다.

라파엘로(1483-1520), 〈대공의 성모〉, 1505년경, 목판에 유채, 84x55cm, 피렌체 피티 궁.

3. 비너스(아프로디테) 그림

BC4세기에 프락시텔레스(Praxiteles)는 대리석 조각 〈크니도스의 아프로디테(Aphrodite of Cnidus)〉를 통해 비너스를 관능적인 알몸으로 표현하였다. 이 여신상은 아름다운 여성의 이상적인 모습으로 여겨졌다. 여신을 아름다운 알몸으로 표현하는 형식은 헬레니즘 시대 이후 더욱 일반화되었다.

산드로 보티첼리의 〈비너스의 탄생〉은 피렌체의 예술 후원자였던 '로렌초 데 메디치'가 주문해서 그렸다. 곰부리치에 의하면 "위대했던 고대 로마의 영광을 되찾기 위한 르네상스적 실험과 탐구 정신을 신화적 모티브로 표현하였다. 비너스는 조개껍질을 타고 바다에서 솟아나 장미꽃 세례를 받으며, 바람의 신들에 의해 해안으로 밀려온다. 비너스가 땅에 발을 내딛으려 하자 계절의 여신이 외투를 들고 그녀를 맞이한다.

그녀의 목이 부자연스럽게 길다거나 어깨가 가파르게 처져

산드로 보티첼리(1444-1510), 〈비너스의 탄생〉, 1485년경, 템페라, 172.5x278.5cm, 피렌체 우피치 미술관.

산드로 보티첼리, 〈비너스와 마르스〉, 1485년경, 템페라, 69.2x173.4cm, 런던 내셔널 갤러리.

있다거나 또는 왼쪽 팔이 다소 어색하게 몸에 붙어 있다든가 하는 점을 그다지 주목하지 않게 된다. 우아한 윤곽선을 만들어내기 위해 자연에 구애받지 않은 보티첼리의 자유로운 표현은 무한히 부드럽고 섬세한 존재에 대한 인상을 한층 드높여 주고 있으므로, 오히려 화면의 아름다움과 조화에 보탬이 되고 있다."

  적지 않은 미술사학자들은 이 그림을 기독교 신앙과 고대 신화를 상호 결합하려는 신플라톤주의 철학의 영향으로 해석했으며, 미와 사랑과 행복을 동일한 정신적 선상에 있는 것으로 보고 비너스가 성모의 신성한 사랑의 이미지를 대체할 수 있는 것으로 여겼다.

  한편, "남성을 욕망의 주체로서, 여성을 그 욕망의 충족 대상으로 우열화함으로써 여성의 성 상품화가 당위를 얻게 된 것"이라는 주장도 있지만, "남성중심주의를 비판하는 페미니즘의 시각으로 이 그림을 불온시하는 것은 지나치다"는 의견도 공존한다.

올림포스 신 중에서 최고의 미모를 자랑하는 여신인 비너스의 탄생 신화는 크게 두 가지가 있다. 호메로스의 『일리아스』에서는 제우스 신과 디오네 여신의 딸이라고 하며, 헤시오도스의 『신통기』에서는 제우스의 아버지인 크로노스가 그의 아버지인 우라노스를 거세할 때 그 피가 바다에 떨어지면서 뿜어져 나온 거품에서 탄생했다고 한다.

제우스는 비너스를 티탄족과의 싸움을 승리로 이끌 수 있도록 도왔던 헤파이스토스에게 아내로 준다. 비너스는 못생긴 외모와 신체장애를 가지고 있던 남편 대신, 수려한 외모와 매력적인 마르스 신과 바람을 피웠고 에로스를 비롯한 많은 아이를 출산했다.

보티첼리가 그린 〈비너스와 마르스〉는 이들이 바람을 피우는 장면을 그린 것으로, 혼례품을 담는 장방형의 긴 상자의 측면을 장식하기 위한 것이었다. 르네상스 시대에는 신혼부부를 사랑의 여신 비너스와 전쟁의 신 마르스에 빗대어 표현하는 경우가 많았는데, 보티첼리가 그린 〈비너스와 마르스〉에서 보다시피 사랑이 전쟁을 이긴다는 의미를 담고 있다. 당시에는 남녀의 성적인 자유분방함이 문제가 되지 않았다. 부부들이 바람이 피워도 당사자들의 문제일 뿐, 남들에게는 가십거리에 지나지 않았다.

비너스는 신이었지만 인간과의 사랑에서 쓴잔을 마시기도 했다. 비너스는 어느 날 실수로 그녀의 아들 중 하나인 에로스(큐피드)의 화살에 찔려 사냥에 미쳐 있는 아도니스를 사랑하게

루벤스(1577-1640), 〈비너스와 아도니스〉, 1635년경, 236x194cm, 캔버스에 유채, 메트로폴리탄 미술관, 뉴욕.

된다. 이를 질투한 비너스의 애인 마르스가 멧돼지로 변신하여 사냥터에서 아도니스를 죽인다.

 루벤스의 그림에서 에로스는 활과 활통을 바닥에 내던지고 사냥을 떠나려는 아도니스를 저지한다. 비너스 역시 아도니스의 오른팔을 휘감으며 불길한 사냥길을 만류하고 있다. 가까운 미래에 벌어질 일들을 알고 있었던 비너스는 아도니스의 길을 막아보지만 결국 아도니스는 사냥을 떠났고 다시 돌아왔을 때는 이미 숨이 멎어 있었다.

 아도니스의 피 위에 비너스의 눈물이 떨어져 꽃이 피어났는데, 어떤 문헌에는 이 꽃을 아네모네라고도 하지만 복수초(福壽草)의 학명이 아도니스인 것으로 미루어 복수초라고 하는 것이 정설인 듯싶다.

4. 성모마리아 찬가

영국의 시인 초서(Chaucer)는 「캔터베리 이야기(Canterbury Talks)」 등 많은 작품에서 성모마리아를 찬양했다. 여성의 이상형인 마리아에 대한 존경과 찬미는 어떤 다른 요소보다도 여성의 지위를 향상시키는 데 기여했다. 워즈워스는 그의 작품 「성모(The Virgin)」를 통하여 마리아를 모든 여성 중에 가장 위대한 여성이라고 노래하고 있다.

> 어머니여! 동정녀인 그대 가슴엔
> 티끌만 한 죄악의 그림자도 없나이다.
> 여인이여! 모든 여자 위에 영광 받은 여인이여,
> 부정한 이 세상에서 오직 하나의 자랑이여
> 물결 이는 바다의 거품보다 더 깨끗이
> 동틀 때 찬란히 퍼져 오는 장밋빛 하늘보다 더욱 빛나게
> 푸른 하늘 변두리에 이지러지기 바로 전의
> 흠 없는 만월(滿月)보다 더 광채 있게
> 그대 형상은 땅 위에 비추나이다.
> 그러나 생각하노니 사람들이 그대 앞에,
> 눈에 뵈는 권력에 수그리듯이
> 겸손되이 무릎 꿇고 기도할 적에,
> 모든 죄는 용서되어 없어지도다.
> 그의 권능 가운데 모든 것이 갖추어 있음이로소이다.
> 어머니의 사랑에다 동정녀의 순결을,
> 높고 낮음과 거룩함과 속세를 배합하고 조화시킨
> 그 모든 것이 기묘하게 어울리어 있음이로소이다.

— 워즈워스 「성모(The Virgin)」 부분
(제임스 C. 기본스 저, 장면 편역, 『교부들의 신앙』, 가톨릭출판사, 2020)

스페인 알폰소 현왕(Alfonso X el Sabio, 재위 1252-1284)이 쓴 『성모마리아 찬가』에서 마리아는 신과 인간 사이에 존재하는 중간자로서, 사람들이 죄의식에서 벗어나 현실의 고충을 해결하고 행복하게 살 수 있도록 도움을 주는 존재다. 시 100편 중에 기도문인 십여 편을 제외한다면 나머지가 서사 구조를 갖춘 이야기로, 서구 여러 지역과 사회 계층에 속한 사람들이 큰 어려움을 겪던 중 성모마리아의 도움으로 구원을 받게 된다는 내용을 담고 있다. 1번과 10번 노래 일부를 읽어보자.

1. 하나님이 그녀를 통해 신성하고 축복받은
육신으로 태어나기를 원하셨으니
오늘부터 나는 그 영예로운 여인을
위하여 노래 부르기를 자청합니다.
(……)
그녀가 이 세상을 떠났을 때
주님은 하늘에 있는 그의 옆자리에
그녀를 모셨으며 이때부터
여왕, 딸, 어머니, 여종의 이름으로 불렸습니다.
그러므로 성모마리아는
우리를 도와주시는 분이며
우리의 보호자이십니다.

10. 마리아님은 아름답고 품위 있는 장미,

즐거움과 환희가 가득한 꽃,

자애로운 여인이며

슬픔과 고통을 소멸하는 성녀입니다.

그분은 장미 중의 장미, 꽃 중의 꽃,

여인 중 여인, 성녀 중 성녀입니다.

모든 악에서 사람을 보호하고

이 세상을 비천하게 살며 저지른

모든 죄를 용서하시는

이 성녀를 온 마음으로 사랑해야 합니다.

— 알폰소 현왕 저, 백승욱 역, 『성모마리아 찬가』 부분

(아카넷, 2019.)

오늘날도 성모마리아에 대한 많은 시가 쓰이고 있다. 특히 가톨릭에서 성모마리아가 차지하는 비중은 절대적이다.

우리가 당신께 꽃을 드릴 제

꽃 속에 담긴 소망들을 헤아리소서

오늘을 살아가는 이들의

보이지 않는 눈물과 한숨 또한

받아 주소서

우리가 당신께

촛불을 드릴 제

불 속에 태우는 모든 이야기들
세상에선 참으로 어찌할 수 없는
우리의 고뇌와 절망 또한 받아 주소서

— 이해인, 「오늘은 꽃과 불 속에(성모영월 1)」 부분
(『시간의 얼굴』, 분도출판사, 1989.)

5. 아프로디테 찬가

(1) 사포(BC 630-BC 570)의 서정시

그리스의 대표 시인 호메로스와 달리, 사포는 신과 전쟁, 거대한 서사에 대한 노래보다는 개인의 감정을 섬세하게 노래했으며 가장 깊게 천착한 주제는 사랑이다. 사포는 구어체를 사용하여 단순하면서도 직관적인 시어를 선택하여 표현함으로써 강력한 호소력을 나타내고 있다. 플라톤이 제10의 뮤즈라고 일컬었던 그리스 서정시인 사포가 쓴 아프로디테와 대화 형식의 시를 읽어 보자.

화려한 권좌에 앉으신 불멸의 아프로디테여,
꾀가 많은 제우스의 따님이여, 간청하오니
저의 영혼이 고통과 시련으로 소멸치 않도록
주인이여, 돌보소서.
(……)
불멸의 표정으로
복 받은 여신이여, 웃음으로 물으셨지요.
(……)
"내가 누구로 하여금 다시

너를 사랑하도록 만들어야 하는가? 너에게
불의한 자가 누구냐, 사포여
그가 너를 피한다면, 너를 곧 따를 것이며
너의 선물을 받지 않는다면, 곧 선물할 것이며
너를 사랑하지 않는다면, 너를 곧 사랑할 것이다.
그가 원치 않더라도."

이제 제게로 오소서. 저를 힘겨운 근심에서
풀어 놓으소서. 저의 마음이 원하는 것을
이루어 주소서. 여신이여, 당신이
저의 전우가 되어 주소서.
— 아르킬로코스·사포 외 저, 김남우 역, 『고대 그리스 서정시』 부분
(민음사, 2018.)

(2) 셰익스피어의 대화 시

「비너스와 아도니스」는 셰익스피어가 쓴 대화시(narrative poem)다. 여신 비너스가 집요하게 애정을 호소하나 아도니스는 그녀의 사랑을 거부하고 사냥만 좋아했다. 결국 멧돼지 사냥에서 죽음을 맞게 되고 여신은 그를 꽃(복수초)으로 환생시켰다.

나는 사슴동산이고, 그대는 나의 귀여운 사슴이라,
그대가 뜻하는 대로 어디서든 풀을 뜯어요, 산에서나 골짜기에서나,
내 입술에서도 풀을 뜯어요 그리고 그 언덕이 마르면,

아래쪽을 더듬어 봐요, 거기 상쾌한 샘이 있으리니.
(……)
이 말에 아도니스가 경멸의 웃음을 지으니,
(……)
여신은 그에게서 따스한 정이 없음을 깨달아,
계속 키스하여 그 욕정에 불을 붙이려네.
(……)
그녀는 사랑의 신이며, 사랑은 하여도, 받지는 못하는 것이라.
— 셰익스피어 저, 신정옥 역『비너스와 아도니스』부분
(도서출판 전예원, 2011.)

셰익스피어의 비너스는 사냥을 떠나려는 아도니스의 한쪽 팔을 붙들고 사냥은 그만두고 자신과 육체의 애욕을 즐기자고 유혹했다. 하지만 비너스가 아무리 달콤한 말로 유혹해도 사냥을 가겠다고 고집을 부린다. 끝내 사냥을 하러 갔다가 멧돼지에게 참변을 당했다. 비너스는 유혈이 낭자한 아도니스의 시신을 발견하고 분노한 나머지 사랑에 저주를 퍼부었다.

"사랑은 변덕스럽고, 거짓이고, 기만투성이며, 숨 한번 쉬는 사이에 싹트고, 시들어 버리니, 밑바닥에는 독이 깔려 있고, 그 위쪽에는 극히 참스러운 눈길도 속이는 달콤한 것이 뿌려져 있느니라. 사랑은 아주 힘센 육체도 쇠약하게 하며, 현자는 벙어리로, 우둔한 자는 수다스럽게 만드니"라고 사랑을 독설로 정의한다. "여신은 머리 숙여 갓 피어난 꽃의 향기를 맡으며, 이 꽃을 내 가슴에 길이길이 지니리라" 말하고는 "수레를 타고 망망한 창공을 날아 떠난다."

6. 성모마리아와 비너스가 공존하는 인간 세상

인류의 첫 여성인 에덴동산의 이브는 성(聖)과 속(俗)의 양면을 가지고 있다. 선악과를 따먹기 전 맑고 밝은 이브를 성모마리아와, 사탄의 유혹에 넘어가 하나님께서 금지하신 선악과를 따먹고 죄의 유전자를 받은 후의 육욕에 물든 이브는 비너스와 비견할 수 있다.

마리아의 배경인 헤브라이즘에서는 전지전능한 유일신 여호와 하나님은 착한 목자처럼 우리를 올바른 방향으로 이끌어 주신다고 믿고 그의 말씀에 순종해야 한다. 마리아는 가브리엘 천사로부터 처녀의 몸으로 그리스도를 잉태하게 되었다는 소식을 듣게 되어 처음에 무척 놀라고 또 두려웠다. 당시 결혼도 하지 않은 처녀가 아이를 가지게 되면 사람들이 돌로 쳐 죽였다. 그러나 예수 그리스도(메시아)가 자기 몸을 통해 세상에 나오는 것이라 믿고 기꺼이 받아들였다. 그 결과 하느님과 인간을 잇는 중개자 역할을 하는 신성한 존재가 되었다.

비너스는 올림포스산에 사는 신(神)이지만, 인간처럼 사랑을 받아 주지 않는 연인 때문에 근심하며 애교를 부리고 질투심에 불타 잔인한 복수극을 연출하기도 한다. 오늘날의 관점에서 보았을 때 비너스의 행동은 많은 사람에게 손가락질받을 가능성이 크지만, 당시 그리스인들은 비너스의 행동을 비난하기는커녕 제단을 쌓고 숭배했다. 사회 유지를 위해 반드시 지켜야 할 규율을 제외하고 가능한 자신의 본능에 충실하였으며, 아름다운 것이 곧 선한 것이라고 보아 육체의 아름다움을 추구하던 그리스인들에게 비너스는 경배의 대상이었다.

성모마리아가 성(聖)의 아름다움을 보여주는 여인(女人)이라면, 비너스는 속(俗)의 아름다움을 대변한다. 원래 종족 보존을 위해 모든 동물에게 주어졌던 근본적인 욕망인 성욕을 아낌없이 발현하여 많은 자식을 거느린 아름다운 여인이 비너스다.

속녀이되 주어진 시간과 공간에서 성녀를 지향하는, 어쩌면 가장 고통스러운 존재가 인간이 아닐까. 모두가 성녀라면 성모마리아도 예수 그리스도도 이 세상에 올 이유가 없다. 모두가 속녀라면 인간이라 할 수 없고 동물의 세계에 사는 존재라 할 것이다. 마리아와 비너스가 공존하는 세상이 바로 인간 세상이다.

금강산이 낳은 글과 그림[1]

1. 금강산 이야기

여러 가지 이름을 가지고 있는 금강산에 관한 시와 그림은 몇 권의 책으로 엮기에 부족함이 없다. 그만큼 우리 민족에게는 귀중한 예술적 자산인 셈이다.

금강산 그리기에 열중했던 변관식 화백을 비롯해 많은 화가의 화첩 속에 금강산 풍경들이 생생하게 살아 있다. 『금강산 한시선』에는 106편의 한시를 김대현 교수가 번역하여 소개하고 있다.

예로부터 금강산은 아름다움과 신비함이 가득하고 많은 불교 유적들이 있어 여러 가지로 불리고 있다. 금강산(金剛山), 개골산(皆骨山), 열반산(涅槃山), 풍악산(楓嶽山), 기달산(怾怛山), 봉래산(蓬萊山) 등이다.

금강산은 내금강·외금강·신금강·해금강의 4개 지역으로 구분되는데 최고봉인 비로봉을 경계로 서쪽은 내금강, 동쪽은 외금강, 외금강의 남쪽 계곡은 신금강, 동단의 해안부는 해금강이라고 한다.

금강산에 관한 시와 금강산 진주담(珍珠潭)을 그린 그림 몇 폭을 살펴보자. 진주담은 금강산 내금강 지역 진주폭포 밑에

---

1 청전과 소정에 관한 자료는 필자가 2019년 9월 갤러리현대와 현대화랑에서 열렸던 전시회에서 찍은 사진이며 글은 전시회 도록을 참조하였다.

있으며, 층층으로 이루어진 바위벽에 부딪히며 진주알처럼 떨어지는 폭포수가 모이는 연못이라고 해서 붙여진 이름이라고 한다.

중앙박물관에 있는 김윤겸(金允謙, 1711-1775)의 〈진주담도〉를 비롯해, 금강산 화가로 불리는 변관식(小亭 卞寬植, 1899-1976)도 진주담을 여럿 그렸고, 이상범(靑田 李象範, 1897-1972)도 〈진주담도〉를 남겼다. 정선(謙齋 鄭敾, 1676-1759)이 그린 〈진주담〉이 일본에서 발견되었다는 뉴스도 전해진다. 금강산을 방문했던 화가와 문인들은 누구나 작품 하나쯤은 남기고 싶었을 것이다.

2. 글로 그린 금강산

글과 그림에서 당시 추종을 불허했던 강세황(姜世晃, 1713-1791)은 정선의 그림조차도 진경을 묘사하는 데 부족하다면서, 자신도 「유금강산기(遊金剛山記)」에서 글로도 그림으로도 감히 금강산의 진면목을 묘사하기 어렵다고 토로하고 있다. 요약하면 다음과 같다.

> 산을 유람한 사람들은 으레 시를 짓는데 만이천봉이 옥색 눈 같다거나 비단결 같다는 표현은 사람마다 똑같아 읽고 싶지 않다. 이런 시들을 읽게 해서 이 산을 못 가본 사람들이 마치 이 산속에 있는 듯하게 만들 수 있겠는가.
>
> 만약 모습을 비슷하게 표현한 것으로 말한다면 유람기가 좋으나 이따금은 늘려서 지나치게 설명을 하여 두꺼운 분량으로 만들다 보니 항간에 떠도는 이야기들이 반복해서 나타나므로 보는

사람을 더 싫증 나도록 만들기도 한다.

    오직 그림만은 모습에 약간의 차이가 있지만 나중에라도 누워서 보며 즐길 수 있을 것인데, 금강산이 생긴 이래 그림으로 이를 제대로 나타낸 사람이 없었다. 근래에 정선과 심사정이 그림을 잘 그린다고 이름이 났으나, 정선은 평소 익숙한 필법으로 어지럽게 그려 부족한 듯하고, 심사정은 정선보다는 약간 뛰어나지만 그 역시 고아하고 넓은 식견이 없다. 내가 비록 그려보고 싶지만 붓이 낯설고 솜씨가 형편없어서 할 수 없었다.

— 강세황 저, 김종진·변영섭·정은진 역,『표암유고』부분,
(지식산업사, 2010.)

  강세황은 또한「헐성루에 올라」라는 시에서는 "소동파의 글에서 인용할 수 있을 뿐 자신은 금강산의 장관을 글로 묘사할 수 없다"고 고백하고 있다. 소동파는 1084년에 황주에서의 유배 생활을 마치고 여주로 가던 중 여산을 돌아보고 서림사 벽에 시를 남겼는데, "자신이 여산 속에 있기 때문에 여산의 진면목을 알 수 없다(不識廬山眞面目 只緣身在此山中)"는 싯귀가 전해지고 있다.

    신선의 산 꿈에서만 그리며 직접 보기 어렵더니
    문득 누대 앞에서 그 모습을 보게 되다니
    시로는 이 장관을 잘 그려낼 수 없으니
    그 누가 그림으로라도 교묘하게 그려낼까
    명성보다 못한 헛된 문사가 없다고는 하지만
    어찌하면 책 속에서 옛사람 만나볼 수 있을까

동파의 여산 진면목 시구를 끌어올 뿐
졸렬한 내 말 비웃음 사지는 말아야지
　　―강세황 저, 김대현 역, 「헐성루에 올라(登歇惺樓)」 전문
　　　　　　　（『금강산 한시선』, 전남대학교출판문화원, 2020.)

헐성루는 금강산 정양사 경내에 있는 누각으로 금강산 일만 이천 봉을 이곳에서 한눈에 볼 수 있다고 한다.

비록 금강산뿐만 아니라 어떤 자연 앞에서도 우리는 그 실재(實在)를 말로도 그림으로도 온전히 그릴 수는 없다. 다만, 자신의 예술혼이 인도하는 대로 보고, 말하고, 그릴 수 있을 뿐이다.

3. 청전(靑田)·소정(小亭)의 〈진주담도〉

금강산에 관한 글과 그림은 그것을 제작한 예술가의 평생 경험이 축적된 무의식에 따라 각기 다른 예술작품으로 나타난다는 것을 이상범과 변관식이 그린 〈진주담도〉를 보면서 확인할 수 있다. 예술작품은 작가와 작품을 분리해서 설명할 수 없다는 것을 정신분석비평 등 여러 비평 이론에서 주장하고 있다.

이창재는 『예술작품과 정신분석』(학지사, 2020)에서 "예술가는 보통사람이 외면하는 무의식에 의도적으로 퇴행해 잠정적으로 접촉하고는, 다시 현실로 복귀해 자신이 체험한 무의식 내용을 은유와 환유와 상징으로 변형시키고 미적 형식으로 가공한 작품을 창조해 내는 독특한 능력을 지닌다." "무의식을 의식의 언어로 표현하고 성찰하게 도와 고통스러운 증상을 치유하는 정신분석과, 무의식을 선·형·색·소리·단어로 드러

청전 이상범(1897-1972), 〈내금강 진주담(內金江 眞珠潭)〉, 1941, 종이에 수묵담채, 248x135.5cm.

내 메마르고 스트레스에 눌린 감상자의 정신에 신선한 충격 쾌감 각성을 주는 예술 활동 사이에는 은유적 유사성이 있다."고 말하고 있다.

  똑같은 대상을 그리는 데 있어 동시대 인물인 이상범과 변관식의 삶과 그림 세계가 어떻게 다른지 잠시 엿보고자 한다. 2019년 4월부터 6월까지 갤러리현대와 현대화랑에서 열린 '한국화의 두 거장 청전(靑田)·소정(小亭)' 전에서 마침 두 사람이 같은 대상 즉, 금강산 진주담을 그린 그림이 함께 전시되어 있었다.

이상범과 변관식은 화풍도 삶만큼이나 달랐다. 이상범은 부드러운 미점법(米點法)으로, 변관식은 힘찬 적묵법(積墨法)과 파선법(破線法)으로 산수화를 그렸다. 미점법은 모범생 같은 이상범의 삶에 어울리는 편안한 그림을 그리기에 적합한 필법이고, 적묵법과 파선법은 변관식의 야인 기질의 삶을 그리기에 적합한 것이 아닌가 싶다.

미점법을 주로 사용한 이상범의 화풍은 "수평적 구도, 짙은 먹(濃墨)과 연한 먹(淡墨)의 효과적 사용, 짧고 빠른 운필(運筆) 등이 특징"이다. 미점법은 붓을 옆으로 눕혀 종이 표면에 살짝 대듯이 표현한다. 이상범은 특히 낮은 언덕, 실개천, 소와 농부 등 향토성이 짙은 그림을 즐겨 그렸다.

변관식은 '금강산의 화가'라는 별칭이 있을 정도로 금강산을 자주 그렸는데 진주담도 여럿 그렸다. 금강산의 기개를 적묵법과 파선법으로 강인하고 박진감 있게 표현하였다. 적묵법은 '먹의 농담을 살려 순차적으로 쌓아가듯이 그리는 기법'이고 파선법은 '선 위에다 진한 먹을 튀기듯 점을 찍는 기법'이다.

두 화가는 당대 화단의 양대 산맥이었던 조석진, 안중식과 각각 인연을 맺으며 화가로 출발했다. 충남 공주 출신의 이상범은 18세에 안중식의 문하에 들어가 재능을 인정받았다. 반면, 황해남도 옹진군 출신의 변관식은 당시 유명한 화가였던 조석진이 외할아버지였으나 외손자가 화가의 길에 들어서는 것을 강력히 반대했다. 결국 변관식의 고집을 꺾지 못하고 나중에는 후원자가 되었다.

변관식은 조석진이 강사로 활동하던 '조선서화미술회 강습

소정 변관식(1899-1976), 〈내금강 진주담〉, 1960년대, 종이에 수묵담채, 263X121cm.

소'에서 김은호, 노수현, 이상범 등과 함께 그림을 배웠다. 일본 도쿄 미술학교에서 잠시 유학 생활을 하고 1929년에 국내로 돌아왔지만, 자신의 화풍에 비판적이었던 '조선미술전람회'에 불참하는 등 화단과 거리를 두고 평생 제도권 바깥에서 야인으로 활동하였다.

 이상범과 변관식은 1922년 조선미술전람회에서 함께 입선하며 똑같이 화가로서 인정받았지만, 이상범이 더 널리 알려졌다. 이상범은 1925년부터 '조선일보'와 '동아일보' 등에서 각종 삽화와 도안 등을 담당했으며, 1933년에 청전화숙(靑田畵塾)을 설립하여 1945년까지 후진 양성에 힘썼다. 광복 후 '조선

미술협회'에서 활동했으며, 1949년부터 1961년까지 홍익대학교 교수를 지내면서 동양 화단에 많은 영향을 미쳤다.

4. 현대의 금강산

금강산 관광이 남쪽 사람들에게 1998년부터 잠시 열렸다가 2008년에 다시 닫힌 시기에 찾았던 예술가들의 글과 그림도 풍성하다. 송필용의 〈만물상〉(2000, 캔버스에 유채, 197×291cm)은 잠시 금강산 관광이 허용되었을 때 여러 차례 찾았던 결과라 한다.

필자는 2007년 여름, 근무하던 대학에서 정부의 지원을 받아 금강산에서 가졌던 교수회의에 참여한 바 있다. 금강산 주위 경비초소에는 북한 군인들이 보초를 서고 있는데, 대부분 피골이 상접한 모습이었다. 한편, 하산하여 우리 일행을 위해 성찬을 차린 음식점에서 접대하는 여성들은 포동하게 아름다운 모습으로 군인들과는 너무 대조적이었다.

당시 금강산에서 돌아와 쓴 필자의 시를 소개하는 것으로 금강산 골짜기에서 느꼈던 심사(心思)를 말할 수 있을 뿐, 붓이 둔해 감히 금강산 모습을 글로도 그림으로도 그릴 자신이 없다.

내 나라임에도
붉고 푸른 색깔 차이로
까다롭게 그것도 잠시 허락된 길 하나

산봉우리는 죽순처럼

금강산에 김일성이 왔다 갔다는 표지석

배재대 교수들과 함께 오른 금강산 천선대

한민족의 강인함이 하늘을 찔러도
　　골짜기 폭포마다 선녀들의 물장구 소리

　　김일성 내외의 발자국이
　　부적처럼 새겨져 있어
　　산신령님도 돌아누웠나

　　삐쩍 마른 경비병의 초라한 모습을 지나
　　토실토실한 미소가 가득한 기름진 식탁

　　누가 무엇 때문에
　　누가 무엇 때문에
　　　　　　　　— 김철교 「금강산 일기」 전문

　이근배 시인도 다음과 같은 시를 남겼다. 금강산 산세에 취하기보다는 역사적 현실 앞에 아쉬움과 반가움을 운율에 싣게 된 것이리라.

　　새들은 저희들끼리 하늘에 길을 만들고
　　물고기는 너른 바다에서도 길을 잃지 않는데
　　사람들은 길을 두고 길 아닌 길을 가기도 하고
　　길이 있어도 가지 못하는 길이 있다
　　산도 길이고 물도 길인데
　　산과 산 물과 물이 서로 돌아누워
　　내 나라의 금강산을 가는데

반세기 넘게 기다리던 사람들
이제 봄, 여름, 가을, 겨울
앞다투어 길을 나서는구나
(중략)
소나무, 잣나무는 왜 이리 늦었느냐 반기고
구룡폭포 천둥소리 닫힌 세월을 깨운다.
그렇구나
금강산이 일러주는 길은 하나
한 핏줄 칭칭 동여매는 이 길 두고
우리는 너무도 먼 길을 돌아왔구나

— 이근배, 「금강산은 길을 묻지 않는다」 부분

(『종소리는 끝없이 새벽을 깨운다』, 동학사, 2006.)

사군자의 멋과 향

1. 사군자의 위상

서양화와 대비되는 동양화는 중국화(國畵), 일본화(日本畵), 한국화(韓國畵) 등으로 나눌 수 있겠고, 재료에 따라 수묵화, 수묵담채화, 채색화로 구분할 수 있다. 또한, 묘사 대상에 따라 산수화, 인물화, 풍속화, 화조화, 사군자, 장생도(長生圖) 등으로도 분류할 수 있지만 그 경계가 분명한 것은 아니다. 불교와 유교 및 민간신앙에 기반을 둔 각종 그림, 책거리도(冊架圖) 및 정물화(靜物畵) 등 장식을 위한 그림도 민화(民畵: '한 민족이나 개인이 전통적으로 이어온 생활 습속에 따라 제작한 대중적인 실용화')라는 범주 안에 한국화의 큰 부분을 차지하고 있다.

일반적으로 조선 시대에는 사대부(士大夫)가 그린 문인화(文人畵)를 전문화가 집단인 화원(畵員)이 그린 그림과 구별하기도 했다. 문인화는 시·서·화(詩·書·畵)에서 그림보다는 글과 글씨에 더 무게를 싣고 있었다. 이 글에서는 문인화의 주요 소재였던 '사군자'를 중심으로 관련된 그림과 시를 살펴보기로 한다.

매화(梅花)·난초(蘭草)·국화(菊花)·대나무(竹)를 각 식물 특유의 장점을 군자(君子)의 인품에 비유하여 사군자라 부른다. 매화는 추위를 무릅쓰고 이른 봄에 꽃을 피우고, 난초는 거친 산돌 틈에서 은은한 향기로 웃고, 국화는 늦가을 서릿발을 머리에 얹고 인내하며, 대나무는 엄동설한에도 푸른 잎을 달고 있다. 모두가 군자가 갖출 덕목을 상징하고 있기에 사대부의 사랑을 받아왔다.

중국에서는 사군자가 그림의 소재가 되기 훨씬 앞서서 시문(詩文)이 소재로 등장하였다. 『시경』의 「위풍(衛風)」에는 주(周)나라 무공(武公)의 높은 학문과 인품을 대나무에 비유하여 칭송한 시가 있다. 난초는 초(楚)나라 굴원(屈原)의 시 「이소(離騷)」에서, 국화는 중국 육조시대(六朝時代) 최고의 시인으로 꼽히는 도연명의 「귀거래사(歸去來辭)」와 「음주(飮酒)」에서 후한 대접을 받았다. 송나라 시인 임포(林逋)는 독신으로 매화와 학을 기르며 평생을 보냈다는 글이 있다.

회화의 경우 중국에서 16세기 무렵의 명대 후기에 사군자라는 명칭이 생겼으나, 그 훨씬 이전부터 묵매(墨梅)·묵란(墨蘭)·묵국(墨菊)·묵죽(墨竹) 등의 이름으로 그려졌다. 한국에서는 12세기 무렵인 고려 중기에 김부식(金富軾)과 정지상(鄭知常)에 의해 묵죽과 묵매가 처음 그려졌다는 기록이 있다. 무엇보다 조선 초기에 새로운 시대의 주역으로 등장한 사대부의 인품을 상징하는 사군자가 많이 그려졌고, 특히 묵죽의 경우 화원(畫員) 시험에 주요 과목으로 채택될 만큼 높은 비중을 차지했다.

강세황(姜世晃, 1713-1791)은 최초로 사군자 전 종목을 한 벌 그림으로 그렸다고 하며, 남종문인화풍(南宗文人畵風)으로 당대와 후대의 문인 및 직업 화가들에게 깊은 영향을 미쳤다. "남종화는 문인들이 여가를 즐기기 위해 수묵(水墨)과 담채(淡彩)를 사용해 내면세계의 표출에 치중하여 그림을 그린 것으로, 직업화가들이 외면적 묘사에 치중하여 꼼꼼하고 정밀하게 그리는 산수화의 화풍인 북종화와 대비되는 개념"이다.

조선 말기 대표적인 문인화가인 김정희(金正喜, 1786-1856)와 그의 제자들에 의해 묵란화가 크게 성행했다. 김규진(金奎鎭, 1868-1933)은 대나무 그림에 심취했고, 장승업(張承業, 1843-1897)과 조석진(趙錫晉, 1853-1920)은 묵매 유작이 많으며, 안중식(安中植, 1861-1919)은 국화 그림이 뛰어난 것으로 평가받고 있다.

2. 강세황의 사군자

강세황(姜世晃, 1713-1791)은 시서화에 능한 삼절(三絶)로 많은 작품을 남겼으며 조선 후기 화단 흐름에 큰 영향을 끼쳤다. 특히 김홍도 등 많은 인재를 양성했으며 남종문인화풍을 정착시키는 데 공헌했다. 인물화와 사군자에 능한 문인화가이자 조

강세황, 사군자 및 행서(四君子 및 行書, 국립중앙박물관)

선 후기 대표적인 화가들의 작품에 수많은 평을 썼던 미술평론가로서도 높은 식견을 가지고 있었다. 대대로 학문과 장수의 전통을 지닌 가문에서 태어났으며, 영·정조의 배려로 70대까지 관료 생활을 한 18세기 최고의 문인으로 평가받았다.

3. 〈군자락지도(君子樂之圖)〉의 사군자

〈군자락지도〉는 이건희가 수집하여 국립박물관에 기증했다. 필자는 2023년 6월 22일 국립대구박물관의 '어느 수집가의 초대' 전시회에서 직접 마주할 수 있었다. 코레일관광에서 주관하는 '6월은 여행가는 달' 프로젝트는 이건희 컬렉션과 사유원(思惟園) 나들이를 합쳐 하루 코스로 진행했다.

이 부채 그림에서 조석진(소림)은 돌, 김규진(해강)은 대나무, 김응원(소호)은 난초, 고희동(춘곡)은 영지버섯, 안중식(심전)은 국화, 이도영(관재)은 매화를 그렸고, 제목을 나타내는 '君子樂之'(군자의 즐거움)라는 글씨는 오세창(위창), 그림의 주인을 나타내는 '집중장이위아유(集衆長而爲我有, 여러 작가들의 장기가 모여 나

〈군자락지도(君子樂之圖)〉, 조석진 외, 20세기, 22x47.5cm, 비단에 수묵담채, 국립중앙박물관.

의 소유가 되었다)'라는 글씨는 김돈희(성당)가 썼다. 사군자와 십장생도에 자주 등장하는 돌과 불로초(영지버섯)를 그려서 군자의 품위를 유지하며 오래 살고 싶다는 염원을 나타낸 그림이라고 볼 수 있다.

이 그림에는 사군자와 함께 십장생에 속하는 돌과 영지버섯이 등장한다. 십장생(十長生)은 민간신앙 및 도교에서 불로장생을 상징하는 열 가지의 사물을 가리키며, 민화에 주로 등장한다. 십장생은 해(日), 달(月), 산(山), 내(川), 대나무(竹), 소나무(松), 거북(龜), 학(鶴), 사슴(鹿), 불로초(不老草, 靈芝)를 말하는데, 여기에서 '달'과 '사슴' 대신에 돌(石)과 구름(雲)을 넣기도 한다.

4. 사군자 관련 시
(1) 매화

梅花에
山새 한쌍
좋은 詩구절처럼
날아와
앉어 우니나니,

어느 山자락에서
무슨 눈으로
알아보고 날아왔느냐?

무슨 귀로

무슨 코로
듣고 맡고 날아왔느냐?

나보 더 좋은 시인은
아마도
너희들인가 하노라.

— 서정주「梅花에 山 새 한쌍」전문

(김화영 엮음, 『미당 서정주 시선집』, 시와시학사, 2001.)

(2) 난초

빼어난 가는 잎새 굳은 듯 보드롭고
자짓빛 굵은 대공 하얀한 꽃이 벌고
이슬은 구슬이 되어 마디마디 달렸다

본디 그 마음은 깨끗함을 즐겨하여
정한 모래틈에 뿌리를 서려 두고
微塵도 가까이 않고 雨露 받아 사느니라.

— 이병기,「蘭草 四」전문

(권채린 엮음, 『가람시조집』, 지식을만드는지식, 2012.)

(3) 국화

망울 맺은 노란 국화는 절 입구의 선인같이
비바람 속 울타리 가에 고요히 피어 있네

시인에게 공양하려고 최후까지 기다리니
온갖 꽃 속에 너를 먼저 꼽는구나
— 김정희, 「중양절 노란국화(重陽黃菊)」 전문
(김대현 편역, 『사군자 한시선』, 전남대학교출판문화원, 2019)

(4) 대나무

쓸쓸한 비가 내리는가 싶더니
바로 서늘한 바람이 이네
위천 땅 천 이랑 푸른 대나무
오묘하게 작은 부채 안에 들어왔네

* 渭川: 중국에서 대나무 고장으로 유명한 지역.

— 강세황 「대나무 그림(竹圖)」 전문
(김대현 편역, 『사군자 한시선』, 전남대학교출판문화원, 2019)

서정주의 시 「梅花에 山 새 한쌍」에서, 매화 가지에 앉아 노래하는 새의 모습은 그 어느 시보다 더 시(詩)답다. 아무리 읽어도 그 뜻이 오리무중인 요즘의 시를 읽는 것보다야 매화꽃 속에서 들리는 새 노래가 더 우리의 마음을 밝고 맑게 다독여준다. 어쩌면 미당의 시보다 직접 매화 향기에 묻어나오는 새 노래가 더 우리 정신을 맑고 밝게 하지 않을까도 싶다. 그러나 이 같은 풍경을 한 편의 시로 그려내는 시인의 놀라운 시선에 감탄할 수밖에 없지 않은가.
이병기의 시조 「蘭草 四」에서, "'미진(微塵)도 가까이 않은

채 '우로(雨露)를 받아사'는 난의 생리는 혼탁한 세속과 물질적 욕심을 벗어난 고결한 정신적 가치를 집약해서 보여 준다. '깨끗함을 즐겨 하는' 난초의 기품은 세속의 가치가 지니지 못한 자연의 섭리며 물질적 현실과 타협하지 않으려는 가람 자신의 정신주의를 표상한다."(이병기, 권채린 엮음, 『가람시조집』, 지식을만드는지식, 2012, 해설 중에서). 난초에는 혼탁한 세상에서 고고한 기품을 지키며 사는 군자의 기상이 있기 때문에 선비들이 좋아하며 그림으로 글로 가까이하고 있다.

김정희의 한시 「중양절 노란국화(重陽黃菊)」의 중양절(重陽節)은 음력 9월 9일로 신라에서는 이날 임금과 신하들이 함께 모여 시를 짓고 품평하는 일종의 백일장을 열었다고 한다. 신라시대에 군주부터 시를 사랑하니 얼마나 멋진 나라였던가. 신라의 문물이 우리 정신사에 뿌리내리고 그 흐름이 지금까지 예술인의 유전인자 속에 웅크리고 있다가 작품으로 배어 나오고 있다. 음력 9월에 사찰 입구에 선인(仙人)같이 피어 시인에게 한 편의 시를 공양하려고 기다리고 있는 국화!

강세황의 한시 「대나무 그림(竹圖)」에서 부채 안에 들어온 대나무 모습을 노래하고 있다. 대나무는 사시사철 푸르고 꼿꼿하게 자라며 바람이 불어 비록 이리저리 휘어지는 듯싶어도 다시 오똑 일어서는 선비의 기상을 품고 있다.

시경(詩經)의 위풍(衛風: 위나라 노래) 편에 첫 번째 등장하는 3연으로 된 시의 첫 연은 다음과 같다. "저 기수 물굽이를 보니 푸른 대나무 무성하구나. 빛나는 군자여 자르는 듯 다듬는 듯 쪼아내듯 가는 듯 씩씩하고 꿋꿋하게 빛나고 드러나니 군자를 끝내 잊을 수가 없네"(심영환 역, 『시경』, 홍익, 2021.). 이 시는 위나라 무공(武公)을 대나무에 빗대어 찬양한 시이며, 무공은 늙어서도 늘 자기 수양을 게을리하지 않았고 신하나 백성들에게 가르침을 받고 고치기를 좋아했다(切磋琢磨)고 노래하고 있다.

끝없는 실험과 열정의 예술가 피카소[1]

영국 『더 타임스(The Times)』가 전 세계 네티즌에게 설문조사를 한 결과, 피카소를 20세기 최고의 예술가로 선정한 바 있으며, 미국의 종합일간지 『크리스천 사이언스 모니터(Christian Science Monitor)』에 의하면 『피카소 시집(Picasso Poèmes)』이 출간되자 유럽과 미국 비평가들은 "피카소는 기존 시어(詩語)의 법칙과 시작(詩作)의 관습을 깬 위대한 초현실주의 시인"이라며 "피카소의 시는 20세기 실험시 역사에 빼놓을 수 없는 중요한 업적으로 재평가받아야 한다."고 평했다는 것이다.

현대의 정신사에서 위대한 인물로 적지 않은 사람들이 1900년 『꿈의 해석』으로 새로운 시대의 문을 연 프로이트(Sigmund Freud, 1856-1939)와 함께, 피카소(Pablo Picasso, 1881-1973), 쇤베르크(Arnold, Schönberg, 1874-1951), 그리고 엘리엇(T.S. Eliot, 1888-1965)을 꼽을 것이다.

20세기에 들어서면서 유럽 각지에서 혁신적인 미술운동이 일어나기 시작했는데, 이들은 르네상스 이래 전개되어 온 전통적 미(美)의 개념을 초월하려는 것이었다. 사실적이고 표피적인 것보다는 본질적인 것을 보여 주려는 현대미술 흐름의

---

[1] 본 원고는 월간 『시문학』에 연재한 필자의 미술관순례기 「화폭에서 시를 읽다」 원고를 기반으로, 『피카소 - 성스러운 어릿광대』(시공사, 2009), 『피카소 시집』(문학세계사, 2013), 바르셀로나 피카소 미술관 및 뉴욕현대미술관 도록을 참조하여 작성되었음.

선두에 피카소가 있다.

마티스(Henri Matisse, 1869-1954)를 중심으로 한 '야수파'와 함께 피카소 '입체파', 뭉크 '표현주의', 몬드리안 '신조형주의', 칸딘스키 '추상주의', 뒤샹 '다다이즘', 달리와 미로 '초현실주의', 폴록 '추상표현주의'가 20세기 전반기를 장식하였다.

후반은 리히텐슈타인과 워홀 '팝아트', 코수드 '개념미술', 요셉 보이스 '행위미술', 백남준 '비디오아트', 스미슨과 크리스토 '설치미술', 펄스타인과 에스테스 '신사실주의', 키퍼 '신표현주의' 미술 등이 이끌고 있다.

아도르노(T. Adorno)는 『신음악의 철학』에서 20세기 전반의 음악에 있어 주요한 조류로 '표현주의'의 쇤베르크와 '신고전주의'의 스트라빈스키(Igor Stravinsky, 1882-1971)의 음악을 꼽고 있다. 20세기 후반에는 '전자음악', '컴퓨터 음악' 등 과학기술이 음악에 접목되면서 다양한 실험음악들이 등장하였다.

현대 예술은, 세계 2차 대전 이후 과학기술이 깊숙이 스며들어 앞으로의 방향을 종잡을 수 없게 만들고 있다. 물론 '시간의 테스트'를 거쳐 어떤 것은 클래식으로 자리를 잡고, 어떤 것은 한때의 유행으로 사라지고 말겠지만.

키이란(Matthew Kieran)은 『예술과 그 가치(Revealing Art)』에서 좋은 예술작품이란, 여러 가지 방식으로 삶에 대한 통찰력과 이해, 세계를 보는 방식을 풍요롭게 해주는, 다소 불편하고 낯설지만 마음에 와 맺히는 작품이라는 것이다. 반면 나쁜 작품은 당대의 취향에 굴복하며, 경험의 확장이라는 문제의식이 없고 단선적인 주장을 반복하는 작품들이다.

1907년 피카소가 그린 〈아비뇽의 아가씨들〉(1907, Oil on

Canvas, 243.9×233.7cm, MoMA, New York)의 가치를 알아본 사람은 당시에 몇 되지 않았다. 피카소의 친구들 중에서도 입체파(Cubism) 운동을 함께 한 브라크(George Braque, 1882-1963)만이 이해하려고 노력했다는 것이다. 30여 년이 흐른 뒤에도 프랑스 정부는 이 작품의 구입을 망설여 결국 미국에 팔려 갔다. 지금은 뉴욕현대미술관(MoMA)에 전시되어 있다. 그만큼 당시 사람들에게는 이 그림이 '불편'하고 '낯설게' 보였던 것이다.

20세기에 들어서면서 인상주의로 인해 회화에 대한 고정관념이 깨지자 예술가들은 새로운 것을 추구하는데 깊은 관심을 기울였다. 이러한 시대적 상황에서 피카소와 브라크를 중심으로 한 입체파와 마티스를 중심으로 한 야수파가 등장한다. 입체파는 형태에 중점을 둔 반면, 야수파는 색채에 관심을 두고 새로운 그림을 모색해 나갔다. 입체파의 경우 단지 '보이는 면'만 아니라 실제 사물의 앞면은 물론 옆면과 뒷면 등 다양한 면을 모자이크처럼 캔버스에 배치하였다.

스페인 출신 피카소는 프랑스 출신 마티스보다 어렸고 미술계에 등장한 것도 늦었지만 서로의 작품을 보면서 경쟁하는 발전적인 관계를 유지하였다. 둘 다 모두 세잔의 그림에 대해 깊은 관심을 가지고 연구하며 자신의 작품에 반영하였다. 피카소와 마티스는 1918년과 1945년에 합동전시회도 갖은 바 있으며, 둘 다 프로방스 지역에서 말년을 보냈고, 피카소는 1973년 무쟁에서, 마티스는 1954년 니스에서 사망하였다.

1. 화가로서의 피카소

(1) 유소년 시절(Childhood and Youth, 1881-1901)

1881년 10월 25일 스페인 말라가의 하얀 대저택에서 출생하였으며 그의 아버지는 화가였다. 어릴 때부터 그림을 그리는 능력이 뛰어났다. 14세 때 바르셀로나로 이주하여 미술학교에 입학했으나 학교생활에 적응하지 못해 중도에 그만두었고, 1897년 마드리드에 있는 왕립미술학교에 다녔지만 역시 잘 적응하지 못하였다. 17세 때 다시 바르셀로나로 돌아왔으며 르누아르, 로트레크, 뭉크 등의 화법을 익히려고 노력한 시기였다.

(2) 청색시대(The Blue Period, 1901-1904)
1900년 피카소는 바르셀로나의 단골 카페 '네 마리 고양이'(4 Gats)'에서 처음으로 초상화와 캐리커처로 개인전을 연 후, 절친한 친구 카사게마스(Carlos Casagemas)와 함께 파리 몽마르트르로 갔으나, 카사게마스가 실연으로 권총으로 자살하기에 이른다. 피카소가 "나의 청색 시대는 카사게마스의 죽음과 함께 왔다"고 말한 바 있는 이 시기의 대표작 〈삶〉(La Vie, 1903, 캔버스에 유화, 196.5×128.5cm, 클리블랜드 미술관, 미국)은 당시 피카소의 혼란스러웠던 감정을 잘 표현하고 있다. 청색은 절망의 색이며 그 당시 그는 옷까지도 청색을 입었다.

(3) 장밋빛 시대(The Rose Period, 1904-1906)
1904년에 피카소는 허름한 '바토 라부아르'(세탁선)라고 불리는 건물에 화실을 마련하였다. 여기서 첫 번째 연인 페르낭드 올리비에(Fernande Olivier)를 만나 사랑하게 되고, 빨강, 노랑, 장밋빛 등의 색이 사용되기 시작하여 밝고 따뜻한 느낌으로 그림이 변하게 된다. '장밋빛 시대'에는 주로 광대나 곡예사를 주로 그렸으며, 피카소는 파리에서 인정받는 화가가 되었고 시인 기욤 아폴리네르와 화가 마티스를 만나게 된다.

(4) 입체주의 시대(Cubism, 1906-1923)

피카소는 아프리카의 가면과 스페인의 원시미술 등에 관심을 갖게 되고 '세잔 회고전'에서 세잔의 작품에 큰 감명을 받는다. 이러한 영향들이 반영된 〈아비뇽의 아가씨들〉을 미술사가들은 모든 현대 예술의 시발점으로 평가한다. 입체파 운동의 시발점이 된 이 그림에서 최초로 사실적인 모습과 단절하고 새로운 회화 세계를 창조했기 때문이다.

(5) 전쟁의 경험(Picasso's Wartime Experience, 1937-1945)

스페인 내란 때 독일 폭격기가 스페인의 작은 마을 게르니카를 초토화시켰는데, 1개월 후, 그 충격을 담은 작품 〈게르니카〉(1937, Oil on Canvas, 349.3×776.6cm, Leina Sofia, Madrid)를 그렸다. 이 그림에서 소와 말은 전쟁과 폭력을 상징하며, 죽은 어린이들과 어머니의 비탄, 슬픔, 분노를 검은색, 흰색, 회색으로만 그렸다. 파시즘독재에 맞선 분노의 표현으로 피카소의 상징이 된 작품이다. 〈게르니카〉는 수차례의 예비 드로잉과 함께 스페인 마드리드 소피아미술관 특별실에 보존되고 있다. 피카소가 생존해 있던 동안에는 뉴욕현대미술관에 임대되어 있었으며, "스페인이 민주화된 후 게르니카를 스페인으로 반환해달라"는 피카소의 유언에 따라 1981년에야 스페인으로 돌아와, 1992년 소피아미술관에 자리를 잡았다. 〈한국에서의 학살〉(Massacre en Corée, 1951, 패널에 유채, 110×210cm, 파리 피카소 미술관)도 〈게르니카〉와 마찬가지로 전쟁으로 학살되는 민간인의 참상을 드러내는 작품이다. 피카소는 한 번도 한국에 오지 않았지만, 한국전쟁 참상에 대한 보도를 접하고 이 작품을 그렸다고 한다.

(6) 말년(The Late Works 1946-1973)

1946년 스랑수아즈 질로(Fransoise Gilot)를 만나 아들딸을 낳은 후부터는 주로 남프랑스의 바닷가에서 생활하면서 밝고 목가적 분위기마저 풍기는 독특한 작품들을 생산하기 시작하였다. 한편 도자기와 조각에도 정열을 쏟고 석판화도 많이 제작하였다. 죽기 직전까지도 정력적인 활동으로 세계평화를 위해 노력하며 그 상징인 비둘기를 형상화하고, 들라크루아, 마네, 벨라스케스 등 과거 거장들의 작품들을 재해석하는 데 몰두하다가 1973년 91세의 나이로 프랑스 남동부의 무쟁에서 눈을 감았다. 묘지는 그가 평생 스승으로 여긴 세잔이 살던 보브나르그의 성에 마련되었다.

2. 시인으로서의 피카소

피카소는 초현실주의에도 깊은 관심을 보였다. 폴 엘뤼아르, 앙드레 브르통, 루이 아라공 등 초현실주의자들이 발간한 『초현실주의 혁명』이라는 잡지 창간호(1924년)에 피카소 그림이 실리기도 하였다. 주로 시인과 화가들로 구성된 초현실주의자들은 "꿈과 무의식의 영역에 들어가 예술적 창조의 뿌리에 도달하려 했다."

피카소는 1935년부터 1936년까지는 거의 매일 시를 쓰다시피 하였으며, 도중에 중단하기도 했지만 1959년까지 계속 시를 썼다. 400여 편에 이르는 피카소의 작품 거의 모두가 1989년 갈리마르 출판사에서 출간되었고, 우리나라에서 피카소 시 선집 『피카소 시집』이 문학세계사에 의해 2009년 서승석, 허지은 번역으로 출간되어 많은 시인들의 관심을 불러일으켰다.

피카소는 프랑스어와 스페인어로 시를 썼고, '연월일'이 제목이 되고 있다. 앙드레 브르통은 피카소의 시를 높이 평가하였으며, 몇 편은 『예술 노트』 특별호에 실렸다. 「1935년 11월 20일」이라는 제목의 시, 두 편을 읽어 보자.

(1) 자신의 증오 위에 말을 타고 앉아 그렇게나 예의 바르게 당신에게 인사를 건네는 이 피 끓는 분녀여 아니면 혈관을 타고 흐르는 작은 배 위에 펼쳐진 자신의 우수를 불태우다가 불현듯 뺨으로 창문을 열고 향기로운 씨앗들을 길가에 뿌리는 꽃이여

(2) 꿀보다 더 달콤한 꽃 MT 너는 나의 환희의 불꽃이다
—「1935년 11월 20일」 전문

여기서 MT는 마리 테레즈 발터(Marie Thérèse Walter)를 말하는데, 그녀는 1935년에 피카소의 딸 마야(Maya)를 낳았다고 한다. 피카소는 공식적으로 결혼한 첫 번째 부인 올가(Olga Khokhlova)와 이혼하려 했지만 올가의 완강한 반대로 무산되었다. 피카소는 평정을 잃었고 작업에 집중할 수가 없어 부아줄루로 도피하여 글을 쓰기 시작했다. 이 시에도 그때의 고민이

잘 읽힌다.

『피카소 시집』의 서문(앙드롤라 미카엘 씀)에 이런 대목이 나온다. "피카소는 한계가 없었다 … 언어를 다루는 데에 있어서 크나큰 자유를 누렸다. 피카소는 예술 속의 모든 장벽을 거부한다. '단어로 그림을 쓸 수 있고 시에 느낌을 그려 낼 수도 있으니 어쨌거나 모든 예술은 하나다.' … 피카소에게 글쓰기는 임시로 가져본 직업이나 취미가 아니라 열정을 다 바친 하나의 활동이었다."

또한 피카소는 세 편의 희곡도 썼는데 그중에 1941년 6장으로 구성된 「꼬리 잡힌 욕망」은 "짓궂은 익살로 가득한 희극이며 또한 비극이었다. 등장인물의 이름은 '큰발', '살찐 불안', '파이 과자' 등인데 이들은 시종일관 먹는 이야기만 떠들어 댄다. 피카소는 이 작품에 초현실주의 수법인 자동기술법을 시도했다 … 3년 후 친구들은 각자 하나씩 역할을 맡아 극을 읽는 독서회를 마련하였다. 이 자리에 참석했던 장 폴 사르트르, 시몬느 드 보부아르, 레이몽 케노, 미셸 레리, 루이즈 레리, 조르주 위네, 제르멘 위네 등은 그날의 연극을 잊을 수 없다고 회상했다."(『피카소 - 성스러운 어릿광대』, 시공사, 2009, 104-105쪽)

1881년 스페인 말라가에서 태어나 1973년 프랑스 무쟁에서 91세로 사망한 피카소는 결혼식은 두 번 했지만 공식적으로는 일곱명의 여성과 사랑을 했고 그 여성들이 피카소 그림의 변화에 적지 않은 공헌을 했다. 피카소는 5만여 점의 그림을 그렸다고 하니 평생 그림에 쏟은 그의 열정은 사랑에 대한 열정 못지않게 대단한 것이었다.

끊임없이 새로운 것을 탐구하고 열정적으로 살다간 피카소

바르셀로나, 피카소미술관 벽에 걸린 피카소 초상 앞에서의 필자

만큼 행복한 예술가는 없을 것 같다. 일찍이 20대부터 화단의 인정을 받기 시작하여 말년에는 누구도 감히 넘볼 수 없는 화가로서의 명성과 부를 누렸다. 그의 작품들이 아무리 낯설고 기괴하게 보일지라도 마치 포근한 이웃 같은 느낌이 드는 것은 그의 삶의 역정에 기인할 것이다. 무엇보다 실험정신과 열정, 그것은 피카소 삶의 키워드라 하겠다. 또한 모든 예술가, 아니 모든 사람들에게 반드시 필요한 삶의 엔진이기도 하다.

인물 묘사를 통한 예술가와 수용자의 만남

한국인의 예술사랑은 지극하다. 인사동에 넘쳐나는 갤러리뿐만 아니라 전국적으로 유명 전시회에 사람들의 발걸음이 분주하다. 매년 신춘문예는 물론 수많은 잡지를 통해 많은 작가가 배출된다. 혹자는 시인이, 화가가 너무 많다고 하지만, 필자는 전 국민이 시인이 되고 화가가 되었으면 좋겠다. 예술가나 수용자(독자/관람자) 모두가 예술작품을 통해 카타르시스를 경험할 수 있기 때문이다.

2025년 벽두에 국립중앙박물관에서 〈비엔나 1900, 꿈꾸는 예술가들-구스타프 클림트부터 에곤 실레까지〉, '예술의 전당' 한가람미술관에서 〈빛의 거장 카라바조 & 바로크의 얼굴들〉과 〈불멸의 화가 반 고흐〉, 덕수궁 국립현대미술관에서 〈水墨別美: 한·중근현대 회화〉를 만날 수 있었다. 네 개의 전시 모두 평일인데도 방학 중이어서 그런지 발 디딜 틈 없을 정도로 관람객이 넘쳐났다.

고흐 작품 전시장 출입구에 "그림 그리는 일이 내게 구원과 같다. 그림을 그리지 않았더라면 지금보다 더 불행했을 테니까"라고 1887년 여름에 썼다는 고흐의 글이 마음에 와닿았다. 예술은 작가는 물론 독자·관람객에게도 구원의 역할을 하고 있다는 것은 모두가 인정하는 바다.

1. 에곤 실레 〈시인〉

에곤 실레(1890-1918)는 1911년에 그린 〈시인〉에서 "자신을 뒤틀린 자세를 한 시인(詩人)으로 표현했다. 머리는 어색할 정도로 심하게 왼쪽으로 꺾여 있고, 눈썹을 치켜든 의심에 찬 눈초리는 옆을 향하고 있다. 창백해 보이는 몸에 검은색 윗옷만 걸친 실레는 어두운 배경과 명확하게 구분되지 않는다. 오른쪽 손목을 살짝 잡은 왼손 아래로, 배꼽과 성기를 붉은색으로 그렸다."

에곤 실레(1890-1918), 〈시인(Lyricist)〉, 1911, 캔버스에 유화, 140.2× 110.5cm, 레오폴트 미술관, 비엔나.

2. 클림트 〈수풀 속 여인〉

구스타프 클림트(1862-1918)가 1898년 그린 〈수풀 속 여인〉에서, 우거진 수풀을 배경으로 세련된 모자를 쓰고 소매가 풍성하게 부푼 블라우스를 입은 아름다운 여인이 파란 눈으로 관람자를 바라보고 있다.

클림트(1862-1918), 〈수풀 속 여인(Girl in the Foliage)〉, 1898년경, 캔버스에 유화, 32.4×24.0cm, 클림트재단, 비엔나.

3. 고흐 〈감자 먹는 사람들〉

빈센트 반 고흐(1853-1890)는 인물화 그리길 좋아했다. "인물을 미화시키거나 정형화시키는 것을 거부했으며 매춘부, 농부, 시골 아낙 등 각양각색인 인물의 감정과 분위기를 그대로 전달하려고 했다."

이번 전시회에 전시된 석판화(1885, 28.4×34.1cm)는, 고흐가 자신의 유화 작품인 '감자 먹는 사람들'(The Potato Eaters)을 기반으로 제작한 것으로, 네덜란드의 크뢸러 뮐러 미술관(Kröller-Müller Museum) 소장 작품이다.

4. 카라바조 〈골리앗의 머리를 든 다윗〉

카라바조(Caravaggio, 1571-1610)가 1610년경에 그린 〈골리앗의 머리를 든 다윗〉에서, 다윗이 들고 있는 골리앗의 머리에 자신의 얼굴을 그려 넣었으며, 소년 다윗 얼굴도 어린 시절의 카라바조 자기 모습이다. 어린 시절의 순수했던 카라바조가 살인자가 된 현재의 카라바조를 죽인다는 뜻을 이 작품에 담아서 자신의 과거를 반성하고 있음을 나타냈다.

카라바조(1571-1610), 〈골리앗의 머리를 든 다윗〉, 1606, 캔버스에 유채, 119.5x94.5cm, 개인 소장.

4. 이숙자 〈작업〉(1980, 종이에 색, 국립현대미술관)

이숙자(1942-)는 1980년 그린 〈작업〉에서 밭에서 모내기를 하는 세 명의 여자 농부를 아주 세밀하게 그렸다. 보리밭을 많이 그린 이숙자는 채색화 기법으로 세부적인 묘사와 다양한 색채의 사용을 특징으로 하고 있다.

5. 양즈광 〈광산의 새로운 일꾼〉(1972, 종이에 먹과 색, 중국미술관)

양즈광(楊之光 1930-2016)은 서양의 조형 및 회화 기법을 활용해 대상을 강렬하고 생동감 있게 표현함으로써, 인물의 특징을 생동감 있게 포착해 재현했다. "그의 초상화는 겉으로 보이는 형상 뿐만 아니라 정신까지 담아내고자 한다."

〈광산의 새로운 일꾼〉에는 1950년대 중국 화단에서 널리 사용된 현실주의 기법이 반영돼 있다. 여성 광부를 먹의 농담에 색을 입히는 기법을 활용해 활기찬 정신과 당당한 모습을 그리고 있다. 19세기 말에서 20세기 초에 등장한 링난화파의 3세대를 대표하는 화가다.

클림트의 아름답고 관능적인 인물 묘사, 실레의 고통에 뒤틀린 자신의 모습, 모델의 감정과 분위기를 화폭에 담으려 했던 고흐, 이숙자의 세밀한 묘사, 양즈광의 생동감 있는 인물 표현 등 화가마다 인물화에 다양한 특징을 담고 있다.

예술심리학적으로 볼 때, 화가들이 인물을 나름대로 독특하게 표현하는 이유는, 각 화가의 심리, 시대적 배경, 자신만의 예술적 언어를 통해 세상을 바라보고 해석하려는 의도가 반영된 결과다.

문학작품에서도 인물 묘사에는 작가의 내적 심리와 창작 의도가 녹아 있다. 작가의 무의식이 투사된 결과다. 정신분석학의 주요 개념 중 하나인 투사(projection)는 개인이 자신의 내면적 갈등, 무의식적 욕망, 혹은 두려움이나 결핍을 타인이나 외부 대상에 전가하는 심리적 방어기제다.

프로이트는 예술 창작이 억압된 욕망이나 갈등을 상징적으로 표현하는 방식이라고 보았다. 예컨대, 과거의 트라우마를 은유적으로 나타내는 인물이 등장할 수 있으며, 이는 작가가 무의식적으로 자신의 경험을 재구성하고 치유하려는 시도로 이해될 수 있다.

정신분석학에서는 방어기제를 통해 개인이 내적 갈등을 처리한다고 보는데, 작가가 사용하는 다양한 인물 묘사 기법은 이러한 방어기제의 표현일 수 있다.

이상화(Idealization)의 경우, 작가가 특정 인물을 지나치게 긍정적으로 묘사하고 있으면, 이는 작가가 현실에서 경험한 좌절을 보상하려는 시도로 해석된다.

분리(Splitting)의 경우, 어떤 인물은 완전히 선하고, 다른 인물은 완전히 악하게 묘사된다면 이는 작가가 양가감정(Ambivalence)을 처리하기 위해 인물을 양극단으로 나누는 방식일 수 있다.

승화(Sublimation)는 사회적으로 받아들일 수 없는 욕망이나 충동이 예술창작으로 전환된 경우로, 인물의 행동이나 대화를 통해 세련된 방법으로 표현된다.

예술가가 인물 묘사에 다양한 기법을 사용하는 것은 단순한 기술적 선택이 아니라, 심리적으로 의미 있는 행위다. 예술가의 무의식, 방어 기제, 내적 갈등 등을 반영하기 때문에 작품이 단순한 이야기 전달을 넘어, 작가 자신과 독자나 관객이 심리적 경험을 공유하고 이해하는 중요한 매개체라고 할 수 있다.

우리 예술의 현실과 좌표

1. 예술은 왜 존재하는가?[1]

이 글에서는 예술이라는 큰 틀 안에서 문학에 초점을 맞추어 최근 동향을 살펴보고 미래를 조망한다. 예술의 세부 분야가 각기 그 표현 방식은 다를 수밖에 없으나, 모든 예술이 추구하는 목표, 기능, 영향은 동일하다. 그렇다면 우선 예술은 왜 존재하는 것일까?

BC384년에 태어난 아리스토텔레스는 우리가 비극을 통해 카타르시스를 경험함으로써, 우리의 영혼은 억압된 상태로부터 자유로워질 수 있다고 했다. 카타르시스란 비극에 등장하는 인물들의 비참한 운명을 보고, 간접 경험을 통해서, 자신의 두려움과 슬픔이 해소되고, 마음이 정화되는 것을 말한다.

정신분석치료에서는 마음속에 억눌려 있는 감정의 상처를 언어나 행동을 통해 밖으로 표출함으로써, 강박 관념을 없애고 정신의 안정을 찾게 한다. 우리 내부에 있는 무의식을 탐색하여 트라우마 등 정신적인 문제를 회피하지 않고 정면으로 대면하여 생각을 바꾸게 함으로써, 마음의 상처를 치유한다.

예술은 정신분석치료처럼 우리의 무의식에 접근하여, 어두운 욕망이나 마음의 상처 등을 작품으로 승화시키는 역할을 하기 때문에, 예술가 본인에게는 물론 유사한 심리적 상처를

---

1 김철교 『예술 융복합시대의 시문학』(시와시학, 2018) 참조.

가진 독자 및 관객 등 예술소비자에게도, 예술작품은 카타르시스 역할을 한다.

예술철학자 아도르노(T.W. Adorno, 1903-1969)도, 표현은 달라도 결국은 아리스토텔레스의 견해와 같다. 아리스토텔레스 시대의 인간이나 오늘날의 인간이나 크게 다른 것이 없기 때문이다. 아도르노에 의하면, 현실의 고통을 표현하지 못하는 예술은 진정한 예술이 아니다. 현실을 아름답게만 표현하는 예술이야말로 현실의 고통을 회피하려고 왜곡시킨다고 했다. 아도르노의 예술관은 현실의 고통을 표현해서, 직면케 함으로써, 현실을 극복할 수 있도록 힘을 불어넣는 것이 진정한 예술이라는 것이다.

우리에게 〈절규〉로 유명한 노르웨이 출신 뭉크(E. Munch, 1863-1944)는 표현주의 화가이며, 노르웨이 지폐에도 그의 초상과 오슬로 대학 벽화 〈태양〉이 그려져 있다. 파란만장한 어린 시절을 보냈기에 그의 작품은 인간의 삶, 죽음, 고독, 불안 등을 표현하고 있다. 스스로 정신병원에 들어가기도 했는데, 고흐의 작품을 접한 후 자신보다도 더한 고난 속에서도 밝고 아름다운 색채를 사용한 고흐 작품에 매료되었다. 뭉크가 그린 〈태양(The Sun)〉에는 중심에 밝은 태양이 빛나고 있는데, 뭉크가 50세 되던 해 오슬로 대학 100주년 기념관 벽에 그린 것이다. 그의 대표작으로 인식되고 있는 〈절규〉가 아닌 〈태양〉이 지폐에 등장한 이유는 이 작품이 나타내고 있는 희망의 빛 때문이다.

정신과 육체의 질병에 시달리고 있던 니체(F.W. Nietzsche: 1844-1900)는 음악을 통해 삶의 기쁨과 영혼의 해방을 느꼈다고 한다. 음악을 하는 소크라테스를 꿈꿨던 실존주의 철학자 니체는 목회자 집안에서 나서 자란 탓으로 교회를 오가며 음악을 접했다. 생전에 70여 곡을 작곡하기도 했던 니체는 우울과 방황을 반복하면서 정신병원에 갇혀 생을 마감하기 전까지 피아노 곁을 떠나지 않았다. 리하르트 바그너(W.R. Wagner: 1813-1883)와 교류하면서 영향을 많이 받았는데, 바그너는 작곡자이자 시인이었고, 철학, 심리학 등에도 능통했다.

노벨문학상 수상자였던 라틴아메리카의 대표적인 문인 옥타비오 파스(Octavio Paz Lozano, 1914-1998)는 『활과 리라』 서문에서 "시의 기능은 세상을 변화시키는 것이며, 정신 수련으로 얻어지는 내면적 해방의 방법"이라고 했다.

2000년에 노벨문학상을 받은 작가 가오싱젠(Gao Xingjian)은 『창작에 대하여』에서 "글을 쓰는 과정에서 위로와 즐거움이라는 보상을 얻을 수 있기 때문에, 언제 발표할 수 있을지 모른다 해도 계속 써야 한다"고 주장했다. "문학은 근본적으로 자기 자신의 가치를 확인하는 과정이기 때문에, 글을 쓰는 것만으로도 모든 것이 충분하다는 것"이다.

이러한 예술의 기능에 관한 주장들을 요약하면, 예술작품을 제작하거나 감상함으로써 삶의 질곡으로부터 해방감을 느낄 수 있고, 희열을 맛볼 수 있다면, 그 작품은 구원의 메신저 역할을 톡톡히 하는 셈이다. 구원은 예술가에게도 예술소비자에게도 예술작품을 통해 얻을 수 있는 최상의 선물이다.

2. 예술가란 어떤 사람인가?[2]

칼 융(1875-1961)의 분석심리학에 기대어 말하면, 예술가는 무의식을 예술작품으로 승화시키는 사람이다. 우리에겐 의식과 무의식이 있는데, 무의식은 집단무의식과 개인무의식으로 구성되어 있다. 개인무의식에는 어머니 뱃속에서부터 살아온 삶의 경험이 들어 있고, 집단무의식에는 인류가 이 세상에 존재하기 시작한 이후의 신화, 종교, 역사가 축적되어 있다.

집단무의식에 담겨 있는 '넓은 의미의 신화'를, 개인무의식이라 할 수 있는 개인의 예술론에 의해, '지금-여기'에서 예술작품으로 승화시킨 것이 예술작품이다. '넓은 의미의 신화'란 그리스-로마 신화를 비롯한 각 민족의 설화뿐만 아니라, 성경과 역사를 모두 포함한 개념이다. 성경은 최고의 신화이며, 역사란 소수의 리더(영웅)들에 의해 추동된 사건들을 기록한 것으로, 유사한 내용을 신화에서 찾을 수 있기 때문에, 역사는 신화가 '지금-여기'에 맞게 수정·복사된 것이라 할 수 있다.

피카소가 주장한 바와 같이, 이 세상에 새로운 것은 하나도 없다는 예술관은 결국 모든 예술은 과거 인류 삶의 흔적(집단무의식)과 예술가 개인 삶의 족적(개인무의식)에 근거를 두고 있다는 것을 의미한다. 우리가 책, 그림, 음악 등 많은 좋은 작품을 접하는 것은 우리 마음의 창고인 무의식에 자료를 축적하는 것이다. 이것들이 작품 활동을 할 때 조합되어 튀어나오는 것이 '예술작품'이기 때문에, 좋은 작품을 만들어내기 위해서는 많은 작품을 경험해야 한다. 어느 한 장르에만 매몰되기보다

---

[2] 이창재 외, 『예술작품과 정신분석』(학지사, 2012) 참조

는 주변 예술은 물론 철학까지도 섭렵해야 '고전' 반열에 오를 수 있다.

예술가는 단순한 자연의 모방을 극복하기 위해 추상화한다. '추상화하다(to abstract)'라는 단어에는 '요약하다, 추출하다'라는 뜻이 포함되어 있다. 대상을 보고, 관련 데이터를 나의 무의식에서 찾아내어, 요약하고 응축하는 방법에 따라 예술적 추상의 경향이 다르게 나타난다. 예술에서의 추상 방법은 예술가마다 다를 수밖에 없다. 우선 사물을 바라보는 눈(心眼)이 다르고, 또 그것을 개인무의식에 기댄 예술혼에 의해 해석하는 관점이 다르기 때문이다.

예술가가 만들어내는 모든 작품은 아무리 구상적이라 하더라도, 대상의 단순한 재현이나 모방이 아니므로 추상적이라 할 수 있다. 시(詩)도 한 편의 추상화다. 독자가 자기 나름으로 시를 읽고 이미지를 떠올려 자기만의 이야기를 만들 수 있기 때문이다.

3. 예술소비자 즉, 독자와 관객은 어떤 사람인가?[3]

독자나 관객은 예술가의 작품 의도와 이미지로부터 해방되어, 예술소비자 자신의 무의식에 의거 각자 나름의 새로운 이미지를 창조하여 예술작품을 해석한다. 예술소비자와 예술생산자는 공존하면서 독립적인 존재다.

우리는 작가가 의도하는 내용을 항상 알 수는 없으며, 설령 작가가 자신의 의도를 고백한다고 할지라도 작품은 그 의도에

---

[3] 차봉희 편저, 『수용미학』(문학과지성사, 1995) 참조

부응하지 못할 수 있다. 또한, 독자가 작가의 의도하는 바와 전혀 다른 해석을 했다 할지라도, 그것이 작품을 잘못 이해한 것이라고 볼 수는 없다. 한 편의 시가 여러 가지로 읽힐 수 있는 예를 보자. 아무리 읽기 쉬운 시라 하더라도 추상화라고 할 수 있는 이유다.

> 수많은 발자욱이 해변에 어지럽다
> 바다는 하얀 포말을 밀고 당기며
> 열심히 다림질하여
> 갈색 비단을 펼쳐놓는다
> 사람들은 그 위에
> 발자욱을 다시 찍는다
>
> 수천 년을 바닷가에서
> 팽팽하게 대립하는
> 발자욱과 파도의 밀고 당김
>
> ― 김철교 「파도와 발자국」 전문
> (『아침에 읽는 시』, 시문학사, 2018)

「파도와 발자국」 "내용은 해안의 모래에 찍힌 많은 사람들의 발자국을 파도가 지운다는 것이다. 이것은 시를 만들 때 썼다가 지웠다가 하며 수정하는 창작 과정을 말하는 것이지만, 다른 관점으로 보더라도 무방하게 된다. (…) 이것은 '인간과 자연의' 밀고 당기는 '줄다리기'가 아닌 인간의 죄 흔적과 신이 베푸는 은혜의 구속사적인 모습으로 볼 수 있기 때문이다."(정재영, 「정재영의 명시산책」, 『기독교한국신문』, 2014.08.04.)

여기에서 독자인 평론가는 시를 쓴 시인의 의도와는 상관없이 한 편의 시를 세 가지로 해석하고 있다. 첫째는 해안의 모래에 찍힌 사람들의 발자국을 파도가 계속 지워대는 인간과 자연의 대립, 둘째는 시를 썼다가 지웠다가 하는 시인의 창작 과정, 셋째는 끝없이 반복되는 인간의 죄를 계속 하나님이 용서하는 장면의 이미지를 떠올리고 있다. 누구나 쉽게 읽을 수 있는 짧은 시이지만 평론가는 세 가지 이미지로 읽고 있다.

필자는 미니멀리즘 기법[4]을 염두에 두고 「파도와 발자국」을 썼으며, 영원한 자연 앞에서의 찰나적인 인간의 무력함을 담고 싶었다. 미니멀리즘은 최소한의 단위를 사용한다는 의미에서 붙여진 이름이다. 미술에 있어서 단순함과 간결함을 추구하여 작품의 본질적인 특성에 집중하는 것을 말하며, 음악에서의 미니멀리즘은 짧은 구절과 동일한 음의 반복, 일정한 박자와 화음 등을 특징으로 하고 있다.

미니멀리즘의 시는 에즈라 파운드의 「In a Station of the Metro」, 일본 하이쿠, 우리나라 단시조처럼 짧은 것이 특징이지만, 표현의 간결성, 주제의 단순성뿐만 아니라 무엇보다 일상의 사소한 일 같지만, 심층에 다른 세계를 품고 있는, 말하자면 무기교의 기교를 중요한 특징으로 하고 있다.

예술소비자(특히 평론가)는 신비평에서처럼 꼼꼼히 작품 자체를 깊이 분석하고 주제를 찾아내어 유기적인 통일성을 발견하려 한다. 예술가 삶의 궤적과 시대적 목소리에 귀를 기울이

---

4 김철교, 「미니멀리즘」, 『문학의 담장 허물기』(시문학사, 2021) 참조.

며 작품 내의 인물과 사건에 미친 정신분석학적 접근 등, 여러 가지 독법이 조화를 이룰 때, 비교적 충실한 작품 이해에 이르게 될 것이다. 물론 독자나 관객의 관점에서 독특한 시각, 다시 말하면 평론가 자신의 정신적, 지식적, 감성적 문법에 의한 독특한 향기가 첨가되면 화룡점정이 아닐까 싶다.

절대음악이나 추상미술 등 추상예술의 장점은 예술생산자에게나 예술소비자에게 무한한 상상력의 자유를 허용한 데 있다. 절대음악은 음의 형식 그 자체가 내용이 되는 음악으로, 대부분의 교향곡, 소나타, 협주곡 등이 해당된다. 예술소비자는 예술가가 어떤 이미지를 그리려고 했는지, 어떤 대상을 어떤 주제로 그렸는지는 중요하지 않다. 나에게 와 닿는 이미지로 받아들이면 된다.

예술소비자가 예술가의 의도와는 상관없이 무한한 자유를 가지고 작품을 다양하게 해석하고 받아들일 수 있으면 '낯설게 하기'가 성공한 것이다. 너무 쉽게 경구처럼 읽히는 시는 그 글이 의미하는 바가 분명하고 그 이상 더 상상의 날개를 펴기가 어렵다. 소위 이발소 그림이나 낙서처럼 말이다. 너무 뻔한 이야기는 깊은 예술적 향기가 없다.

소통이 불가능한 작품도 예술소비자를 당황하게 만든다. 낙서와 추상미술은 다르다. 소통 부재의 시(詩)는 낙서와 같다. 추상미술이 소통 부재는 아니다. 어떤 작품을 대했을 때 예술소비자가 어떤 통일된 이미지를 떠올릴 수 있다면 그것은 낙서가 아니다. 비록 확실하게 의미는 파악할 수 없지만, 예술소비자에겐 어떤 전체적인 이미지 형성에 공헌하고 있다면 그 나름의 훌륭한 역할을 하는 것이다.

잭슨 폴록의 흩뿌리기 기법으로 그린 그림이 예술소비자들에게 나름대로 미적 상상력을 불러일으키기 때문에, 많은 사람이 공감을 갖게 되고 좋은 작품으로 수용하게 된다. 그러나 어떤 작품을 대할 때 통일된 이미지가 떠오르지 않는다면 그 작품은 낙서와 같은 것이다.

각종 비평이론을 적용하여 분석하고 자기 무의식과 지식(의식)을 기반으로 읽는 사람이 예술소비자의 하나인 비평가다. 비평가는 작품의 단점을 캐내려는 것이 아니고 장점을 찾아내어 격려함으로써 그 장점을 발전시켜 나가도록 하는 데에 중점을 두어야 한다. 왜냐하면 그 작품의 단점이라고 느끼는 것이 읽는 사람의 방어기제에 걸렸기 때문일 수도 있다. 누구나 동의할 수 있는 절대적인 지식도, 절대적인 아름다움도, 절대적인 선(善)도 인간에게는 접선 불가능한 영역이다. 누구든 어떤 작품에 대한 가치를 말할 때, 그것은 옳고 그름이 아니라 오직 차이만을 나타낼 따름이다.

아무리 훌륭한 것으로 인정되어 온 명작이라 하더라도, 예술소비자의 과거 심리적 상처를 건드릴 경우, 거부감을 가지고 외면해 버린다. 똑같은 그림, 똑같은 음악, 똑같은 문학작품이라 하더라도 이를 대하는 사람마다 좋아하고 싫어하는 것이 다른 이유다.

4. 최근 예술의 방향성은 어떤가?

시각예술은 문학을 비롯한 모든 예술 발전의 전위에 있다고 알려져 있다. 미술의 현재를 분석해 보면 문학의 미래를 짐작할 수 있다는 말도 된다. 국립현대미술관에서 2024년 2월에 선정한 〈올해의 작가상 2023〉을 보면 현대 예술이 나아가고 있는 방향을 어느 정도 가늠해 볼 수 있다.[5] '올해의 작가상'은 오랫동안 SBS문화재단과 국립현대미술관에서 매년 선정하여 시상해 오고 있다.

원래 음악을 전공한 수상자 권병준의 작품에서는 "이주민들의 낯선 노래들과 풍경의 향, 지나간 시대의 변화가 사운드 하드웨어에 담겨 전시장에서 제공"되고 있고, "작가는 인간을 닮은 비-인간의 상징인 로봇을 파트너로 삼아, 이 비눗방울과 같이 투명하고 아름답지만 찰나적인 공동체가 이웃과 타인의 구분을 넘어서 인간과 비인간의 경계까지 확장될 수 있을지, 인간 공동체의 궁극적인 한계를 시험한다."고 작품 해설로 제시하고 있다. 언뜻 보면, 번쩍번쩍 시끌시끌하여 신기하고 아름답지만, 해설이 없으면 이해하기 어려운 작품이다. 전기가 꺼지면 작품은 죽은 것처럼 보인다. 과천 국립현대미술관에 있는 백남준의 작품도 마찬가지로 전기가 흐르지 않으면 컴퓨터 혹은 TV의 모니터에 불과하다.

여기에서 현대미술의 지금과 미래를 조망할 수 있다. 첫째, 예술 사이의 벽이 무너지고 있다. 음악과 디지털 색채의 어울림 또한 스토리텔링이 없으면 이해가 불가능한 작품이다. 둘째, 인간과 인간, 인간과 비인간 관계 등 '여기-지금'에 초점을 맞추고 있다. 특히, 이민자는 물론, 로봇과 인간과의 관계에까지 눈을 돌리고 있다. 셋째, 기술적 측면, 즉 각종 소프트웨어와 하드웨어 역할이 큰 몫을 해내고 있다.

---

5 국립현대미술관 홈페이지, 〈올해의 작가상 2023〉 참조.

미래를 이끌어나갈 AI가 화두가 되고 있는 요즈음은 더욱 기술적 지원 없이는 살아가기 힘든 세상이다. 인간 삶은 워낙 복잡하여 만족스럽게 설명하기 위해서는 세상에 존재하는 모든 정보를 참조해야 할 필요가 있다. AI는 지금까지 존재하는 정치, 경제, 사회는 물론 문화, 예술까지도 아우르는 모든 정보를 기반으로 답을 찾아내는 것을 기본 원리로 하고 있다. 문학도 인류가 쌓아온 삶의 데이터베이스인 무의식에 크게 의존하고 있다. 모든 예술작품은 이러한 무의식의 의식화 작업의 결과라고 할 수 있다.

최근 '열린 예술'이라는 흐름이 점차 파고를 높이고 있다. 시각예술에서는 이미 평면적인 그림에 머무르지 않고 입체화되고 있으며, 대상을 그대로 찍은 '날 사진'에서 벗어나 각종 디지털 기술을 활용하여 다듬는 작품 제작이 일반화되어 있다. 벽면에 붙어 있는 그림이 무대로 나온 지 오래되었고, 이제 전자 매체의 지원을 받아 디지털 색상으로 아름다움을 창조하는 것이 일상이 되어가고 있다. 각종 인터렉티브 콘텐츠(interactive contents)를 비롯하여 웹소설과 스마트소설, 디지털포엠 등에 대한 독자들의 기대가 높아지고 있다.

예술은 진부한 것을 참지 못하고 끊임없이 새로운 것을 모색해 나가는 것을 속성으로 하고 있어, 많은 예술사조가 등장해 왔다. 신화를 매개로 현세주의에서 출발한 인성 중시의 헬레니즘과 성서에 중심을 둔 신성을 중시한 내세주의를 표방한 헤브라이즘에서 출발한 문예사조도, 이성과 감성 사이를 시계추처럼 오가고 있으며, 내적/정신적 측면과 외적/형식적 측면 어디에 방점을 찍을 것이냐에 따라 다양한 견해가 도출되었다. 르네상스를 시작으로 고전주의와 주지주의는 이성을, 낭만주의와 유미주의는 감성에 무게를 두었다. 자연주의와 사실주의는 외적/형식적 측면에 관심을 가졌으며, 상징주의와 초현실주의는 내적/정신적인 측면에 치중하였다.

이제 아서 단토(Arthur Danto, 1924-2013)가 주장하는 것처럼 그 칸막이가 무너져버렸다. 아서 단토의 『예술의 종말 이후』에서 예술가가 예술에 관한 어떤 이론에 의거, '예술은 이런 것이다'라고 주장하면 모든 것이 예술이 될 수 있다고 한다. 거리에 나뒹구는 찌그러진 깡통도 갤러리 전시실에서 그럴듯한 스토리텔링의 옷을 입으면 예술작품이 된다.

예술의 종말이란 예술 자체가 종말을 고했다는 것이 아니다. 미술의 개념은 바자리(G. Vasari, 1511-1574)가 『이탈리아 르네상스 미술가 전(Le Vite de Piu Eccelenti Pittori. Scultori et Architeili Italiani, 1550)』을 쓴 르네상스 때에 비로소 일반적으로 인식되어 미술사가 시작된 것으로 보고 있다. 단토는 바자리 이후 1964년까지의 서양미술사를 하나의 '르네상스 패러다임'[6]에 비유했는데, 이 전형이 1964년 워홀(Andy Warhol, 1928-1987)의 〈브릴로 상자(Brillo box, 1964)〉가 등장하면서 종료되었다고 보고 있다. 1965년부터를 '서양미술사 이후'의 시기로 인식하면서, 예술가는 이제 모든 형식과 도그마로부터 자유로워졌고

---

6 14세기 후반부터 15세기 전반에 걸쳐 이탈리아에서 시작된 르네상스 사상은 고대를 문화의 절정기로 보는 반면, 중세를 인간의 창조성이 철저히 무시된 '암흑시대'라고 보았다. 암흑시대로부터 탈출은 고전의 부흥을 통하여 가능하다고 여긴 르네상스는 '인간성의 해방과 인간의 재발견, 그리고 합리적인 사유와 생활 태도의 길을 열어 준 근대문화'의 선구였다.

예술가의 유일한 역할은 '예술 자체의 본질을 탐구하는 것'이라는 입장이다.[7]

현대 예술의 큰 흐름 중의 하나라 할 수 있는 모더니즘은 19세기 사실주의(Realism)에 대한 반발로 촉발되었다. 사실주의에서는 대상을 그대로 옮길 수 있다는 재현(representation)을 강조하여 대상을 실물처럼 묘사하려 했다. 그러나 20세기에 들어서 객관적 진리 자체에 대한 회의로 단 하나의 재현이 불가능하다고 보았다. 미술의 경우 대상은 보는 자의 주관에 따라 다르다는 것을 보여주려는 인상주의로부터 시작되어 입체파 등 구상보다 추상을 추구하였다.

문학에서는 저자의 서술 대신, 주인공 의식의 흐름에 초점을 맞추게 되었다. 대표적인 작품이 제임스 조이스가 1922년 발표한 「율리시즈」다. 그러나 이러한 모더니즘은 난해하고 추상적인 기법으로 대중과 유리되기 시작하여, 이를 거부하는 다양성의 실험이 대두되었는데 이를 포스트모더니즘(postmodernism)이라 한다.

미술에서는 추상 대신에 대중성을 띤 구상이 등장하였다. 마릴린 먼로 같은 대중성 있는 사람의 얼굴을 여러 가지 색깔로 반복하여 실크 스크린에 찍어내는 등 팝아트가 등장하였고(앤디 워홀의 〈마릴린 먼로〉), 〈모나리자〉와 같은 친숙한 그림을 패러디한 작품(뒤샹이 1919년 모나리자에 수염을 붙인 그림 〈L.H.O.O.Q.〉)이 등장하였다. 얼마 전에는 마우리치오 카텔란 〈코미디언〉에서 바나나를 벽에 스카치테이프로 붙여 전시했었는데, 억대의

---

[7] 아서 단토, 이성훈·김광우 역, 『예술의 종말 이후』, 미술문화, 2012.

금액으로 매매되기도 했다.

　문학에서는 인물의 독백이 사라지고 다시 저자가 정면에 등장하지만 19세기 사실주의와 같은 절대재현을 추구하지는 않는다. 소설 속의 소설, 극 중의 극 같은 메타픽션이 등장하여 '작가가 자신의 서술을 되돌아보고 의심하는 자의식적 서술'이 등장하였고, 현실 세계와 비현실 세계를 넘나들며 이야기를 전개해 나가기도 한다.

　또한, 미니멀리즘 소설에서는 작가의 권한을 최소화하기 위해 불필요한 언어를 최대한 제한하여 독자가 사고하는 영역을 넓혀주고 있다. 최근 스마트폰에 중독된 현대인을 위한 스마트소설도 주목을 받고 있다. 장편(掌篇)소설, 엽편(葉片)소설, 미니픽션(minifiction), 콩트처럼 짧으면서도 완결성이 있는 스마트소설은 압축미, 간결미, 시사성을 가지되 정통 서사의 품격과 문학성을 추구한다.[8]

　이하에서는 독자가 참여할 수 있는 '열린 소설(interactive novel)'과 '디지털 포엠'을 중심으로, 문학 분야의 종합 예술화 경향을 좀 더 상세히 살펴본다.

(1) 열린 소설의 가능성: 넷플릭스 〈블랙미러: 밴더스내치〉

　넷플릭스의 〈블랙미러〉는 여러 가지 에피소드로 구성되어 있는데, 지금으로서는 비현실적이다 싶은 미디어와 과학기술의 이면을 다루기도 한다. 이 중에 〈블랙미러:밴서스내치〉는

8　임정연, 「미니멀리즘 서사의 가능성과 의미 - 스마트소설의 장르 정체성과 스토리텔링 사례를 중심으로」, 『현대소설연구, 제73호』, 2019. 3.

시청자 참여형 영화다. 스토리가 진행해 가는 도중, 수시로 시청자가 선택하도록 하는 선택권을 준다. 예를 들면, 아침 식사로 무엇을 먹을까 메뉴를 제시하면 어떤 메뉴를 선택하느냐에 따라 그 후 진행되는 이야기가 달라진다. 또 스토리가 진행되다가 등장인물을 누구를 선택할 것인가 시청자에게 묻는다. 어떤 등장인물을 선택했느냐에 따라 그 이후 진행되는 스토리가 달라지는 형식이다. 중간중간 시청자에게 주어진 선택에 따라 그 이후의 이야기가 달라지기 때문에 다양한 결말을 도출할 수 있게 된다.

이러한 기법은 웹소설에서 활용할 수 있는 인터렉티브 소설(interactive novel)에서도 찾아볼 수 있다. 웹에서 소설을 읽어가다가 중간중간 독자에게 인물, 장소 등 선택권을 주고, 그 선택권에 따라 그 뒷이야기를 서로 다르게 전개한다. 독자의 선택에 따라 다양한 결말에 이르는 소설이 만들어질 수 있다.

(2) 인터렉티브 콘텐츠 개념을 활용한 디지털 포엠[9]

예로 제시한 디지털 포엠 「POWER & MONEY로 만든 신호등」은 김동유의 그림과 앤디 워홀을 작품을 차용하여 민주주의와 자본주의 시스템을 한 송이 꽃으로 표현하였다.

다섯 개의 꽃잎은 김동유의 작품이며, 잎과 줄기와 뿌리는 인간의 가장 기본적인 욕망인 돈(생존수단)과 섹스(종족보존수단)와 권력(돈과 섹스를 얻기 위한 수단)을 상징하는 세 가지 색깔의 글

---

9 김철교, 『예술 융복합시대의 시문학』(시와시학사, 2018), 184-187쪽에서 제시한 기획안을 수정한 것임

— 김철교, 「POWER&MONEY로 만든 신호등」전문
(『예술 융복합시대의 시문학』, 시와시학, 2018)

씨, 그리고 삼원색의 총합을 나타내는 검은 색 글씨(마릴린 먼로 vs 마오 주석)로 구성되어 있다. 암술과 수술이 있는 부분은 워홀의 작품에서 차용한 노랑(yellow) 머리와 붉은(magenta) 입술과 청록(cyan) 눈화장의 마릴린 먼로다.

배경음악에 따라 글씨는 네온처럼 반짝이고, 김동유의 그림은 바람에 흔들리는 꽃잎처럼 나풀거린다. 마릴린 먼로의 머리털, 눈, 입술도 배경음악에 따라 움직인다. 배경음악은 2016년 노벨문학상 수상자인 밥 딜런(Bob Dylan, 1941-)의 〈바람만이 아는 대답(Blowin' In The Window)〉의 곡을 차용한다. 이 노래에서는 우리가 살고 있는 지금의 모순에 관한 아홉 개의 질문을 던지면서 그 대답은 '바람만이 알고 있다'고 한다.

김동유(1965-)의 유화 〈마릴린 먼로 Vs 마오 주석〉(130×162cm, 2005, 캔버스에 유채)은 2006년 5월에 홍콩 크리스티에서 열린 아시아 현대미술 경매에서 258만 4,000홍콩달러(약 3억 2,300만 원)에 낙찰되었다. 김동유는 작은 픽셀로 된 마오쩌둥의 초상을 이용해 마릴린 먼로의 얼굴을 그렸다. 작은 마오 주석의 사진이 모여 먼로의 얼굴을 구성하고 있다.

앤디 워홀의 마릴린 먼로 얼굴은 필자가 MoMA(뉴욕 현대 미술관)에서 촬영한 작품에서 차용하였다. 이들 그림을 활용하여 기획한 「POWER & MONEY로 만든 신호등」은 사진 편집 프로그램과 동영상 제작 프로그램 등을 활용하여 배경음악과 함께 움직이는 독자가 참여할 수 있는 '디지털 포엠'으로 만든 것이다.

김동유의 그림으로 만든 꽃 이파리(5개) 하나하나를 클릭하면 자본주의와 민주주의의 역사, 의미, 장점, 단점 등에 관한 전문적인 글들을 접속할 수 있도록 하이퍼텍스트 기능을 도입한다. 다만, 먼저 국민을 선동(좋은 의미)하여 민주주의의 발전에 대한 열망을 고취시키는 내용을 제시하고, 독자의 댓글을 통해 더 좋은 방법을 다듬어 가는 방식을 택함으로써 클릭하는 사람마다 자본주의와 민주주의를 개량시킬 방법을 고민하게 하도록 치밀하게 프로그래밍할 필요가 있다.

「POWER & MONEY로 만든 신호등」에서 꽃 이파리마다 독자가 참여하여 수정 보완될 수 있는 내용은 정밀한 편집으로 사사시 형태로 제작되어야 한다. 21세기가 문을 열자마자 시도되었던 하이퍼텍스트 소설 「디지털 구보 2001」과 하이퍼텍스트 시 「언어의 새벽」이 실패[10]한 이유도 정밀한 프로그래밍의 결여로 보인다.

자본주의와 민주주의가 어떻게 진화되어야 할 것인지 관심을 불러일으키려는 의도로 기획되었다. 돈과 섹스와 권력은 인류의 가장 근본적인 욕망이고, 자본주의는 이 셋을 향유하기 위한 투쟁이라고 볼 수 있다. 이 셋을 마음대로 향유할 수 있는 사람은 극소수에 불과하므로, 민주주의는 이 셋을 골고루 나누어 갖자는 투쟁의 이념인 셈이다.

그러나 지금 대다수 민중에게는 그림의 떡일 수밖에 없다. 자본주의와 민주주의는 행복지수를 높여주지 못하고 있으며, 여전히 많은 사람은 돈과 섹스와 권력을 남보다 많이 향유하기 위한 투쟁이라는 질곡으로부터의 해방과 구원을 꿈꾸고 있다. 과거의 모든 화려한 문화가 소수의 가진 사람들의 역사였던 것처럼, 여전히 지금도 돈과 권력과 섹스의 역사는 가진 사람들이 써가고 있다. 따라서 여러 가지 사회 및 정치 시스템을 통해 보다 나은 자본주의, 보다 나은 민주주의를 어떻게 만들어 나갈 것인가를 끊임없이 모색하겠지만, 워낙 인간의 욕망

---

10 정명교는 "'최초의 시도'라는 점에서 충분한 의의가 있었으나 그 실제적인 전개는 실패로 규정되었다."고 고백하고 있다(정명교, 「디지털과 문학 사이-융합의 사례분석과 전망」, 『語文硏究』 91, 어문연구학회, 2017).

이 순정하지만은 아니하기에 정답은 얻기가 불가능하다. 그렇다고 포기할 수 없는 것이 인간의 숙명이 아닐까 싶다.

하드웨어 및 소프트웨어의 발전에 따라 모든 분야에 큰 변화가 일어나고 있는 지금의 하이퍼미디어 시대는 예술의 종합화가 구현된 영화와 같은 작품이 일반화될 것으로 전망된다.[11]

5. 요약과 제언

첫째, 문학을 포함한 모든 예술은 우리를 구원하는 가장 좋은 수단이다. 따라서 요즘 정신적으로 황폐해가는 시대에 치유자로서 예술의 역할은 매우 중요하다.

물론, 어떤 작품이 모두에게 똑같은 구원을 주는 것은 아니다. 예술소비자마다 무의식의 깊이와 넓이가 다르기 때문이다. 어떤 이에게는 구원이지만 다른 사람에게는 절망과 아픔을 줄 수도 있다. '클래식'이란, '고전'이란 되도록 많은 예술소비자에게 구원의 빌미를 제공하고 있는 작품이다.

둘째, 문학 특히 시는 음악과 미술 등 주변 예술과 상호 기대며 발전해 왔다. 어느 한 장르의 예술에 몰입하는 것도 중요하지만, 폭넓은 시각으로 예술을 즐기는 자세가 필요하다. 문학인, 미술가, 음악가 등 예술 어느 분야 전문가든 이웃 장르를 넘겨다보며 지평을 넓혀 자기 작품의 깊이와 넓이를 확장해 나가야 한다.

---

11 유현주, 『텍스트, 하이퍼텍스트, 하이퍼미디어』(문학동네, 2017)에서는 디지털 시대 문학의 발전단계별 특징과 최근 사례들을 자세히 다루면서, 이제는 하이퍼미디어 시대에 들어섰다고 주장한다.

셋째, 동일한 작품이라 하더라도 예술소비자마다 느낌이 다르다. 같은 예술소비자라 하더라도 시간과 장소에 따라서 받아들이는 이미지가 다를 수 있다. 예술생산자의 의도와 예술소비자의 수용도 다를 수밖에 없다. 당연히 예술작품에 대한 가치평가는 모두가 옳을 수도 있고 틀릴 수도 있다. 좋은 작품일수록 다양한 해석이 가능해야 한다.

넷째, 예술 분야에서도 AI를 필두로 한 기술 발전을 적극적으로 수용하면서 새로운 창작 방법을 모색하는 것도 중요하다. 사진예술에서 한때는 현상할 때 원판에 손을 대지 않은 '날사진'만이 예술작품으로 간주되었으나 이제는 포토샵 등 각종 소프트웨어를 활용하여 편집한 결과물을 예술작품으로 내놓기에 이르렀다. 어쩌면 찍는 기술 못지않게 가공하는 기술이 중요한지도 모르겠다. 문학에서도 기술 발전에 기대어 인터렉티브 기법 등 다양한 창작 방법을 활용해야 예술소비자층을 넓힐 수 있다.

마지막으로 덧붙이고 싶은 것은, 작가들은 기후 및 환경 위기, 전쟁 위기, 마약과 정신질환 등에 의한 정신적 황무지 현상에서 인류를 구원할 지성·감성·영성이 골고루 갖추어진 작품을 생산 및 발굴하는 작업을 게을리하지 말아야 한다. 요즘 소위 '재난문학'이 부상하고 있는 이유도 여기에 있겠다.

화가와 시인의 대화

프로방스 지역을 여행하고 있던 어느 날 아침에 니스에 있는 근현대미술관에 들렀을 때, 미술관 입구에서 우연히 한국에서 온 화가 한 분을 만나 이야기를 나누게 되었다.

"정말 그림을 그리고 싶어서 그리십니까?"
"당연하지 않겠소?"
"정말, 정말, 그림을 그리고 싶어서 그리십니까?"
"글쎄요……"
"정말, 정말, 정말 그림을 그리고 싶어서 그리십니까?"
"……"

"무엇을 그리시나요?
"내 마음속에 펼쳐지고 있는 세상을 그리지요."
"모델을 직접 보면서 그린다 해도?"
"대상을 그리는 것이 아니라 대상을 볼 때 내 마음속에 흐르는 세상을 그리는 겁니다. 당신은 무엇을 쓰시나요?"
"저도 바깥세상을 보면서 내 안에 펼쳐지는 새로운 세상을 글로 씁니다. 내 나름대로 해석하는 세상을 펼쳐 보인다고나 할까요."
"우리는 모두 자신의 안경으로 본 세상을 자신 나름대로 해석해서 그리고, 쓰고 있군요. 요즘 저는 초점이 맞지 않은 안경으로 내가 보고 싶은 것만 건성으로 훑어보고 화판에 옮기고 있는 것 같아 걱정입니다."

"무엇을 그리고 쓰느냐보다는 '어떻게'가 중요하겠지요."

"잘 그린 그림을 보고 있으면 볼 때마다 새로운 세상이 보여요. 그런데 실패한 그림을 보면 그저 화판에 펼쳐진 세상밖에 보이지 않아요."

"글도 마찬가지랍니다. 제가 썼어도 그저 잡지사에 보내 버리고 잊고 있다가 시집을 낼 때나 보는 작품이 있는가 하면, 항상 두고두고 음미하고 그때마다 전율이 느껴지는 작품이 있어요."

"누구를 위해서 글을 쓰시나요?"
"남에게 하고 싶은 이야기보다는 나에게 하고 싶은 이야기를 쓰지요."
"내가 나에게 들려주어야 할 이야기?"
"머리와 가슴의 싸움. 마음과 영혼의 싸움. 현실과 꿈과의 싸움."
"제 앞에 놓여 있는 캔버스도 전쟁터이지요. 그 안에서 무수한 싸움이 일어나고 있어요."

"그림도 마찬가지겠지만, 시도 읽는 사람마다 자신의 머리와 자신의 가슴으로 재해석하는 것이지요. 그 시를 쓴 시인의 존재는 안중에도 없고…… 읽는 사람마다 각기 달라야 좋은 작품이라 생각해요. 다시 말하면 하나의 그림이나 하나의 시가 여러 가지로 해석되어 많은 세상을 펼쳐 보일 때 좋은 작품이 아니겠어요? 예술작품이 편지나 논문과 다른 점이지요."

"누가 '이 그림은 형편없다'고 평을 해도 그분을 나무랄 수는 없어요. 관람객의 눈으로, 관람객의 가슴으로 해석하는 세상과, 내가 캔버스에 펼치고 있는 세상이 다르지 않겠어요?

 어떤 관람객에게서 아무리 형편없다는 평가를 받는다 해도 또 다른 사람에게는 위안이 될 수 있다고 믿습니다. 정신분석학자들이 '똑같은 그림이라 하더라도 각자의 무의식에 잠겨 있는 것이 무엇인가에 따라 그 수용이 다르다'고 하는데 위안을 갖고 있습니다."

 "그러게요. 아무리 좋은 작품이라 하더라도 내 무의식의 상처를 건드리는 내용이 보이면 읽기조차, 보기조차 싫어지니까요. 그래서 똑같은 그림이라 하더라도 보는 사람마다 다른 느낌으로 받아드리는 것이겠지요."

 "혼신의 힘을 기울여 쓴 작품이라면 지금 어떤 사람에게 혹평을 받더라도 흔들릴 필요는 없다는 이야기군요."

 "원론적인 이야기지만 자기 자신의 작품에 자신이 없을 때, 남의 눈치를 보게 되는 것 같아요."

 "도인의 경지에 도달해야 한다는 말씀이네요."

 "그게 예술가의 본모습 아니겠어요? 그만큼 자신이 없는 작품을 만들어낼 것이라면 '예술'이라는 단어를 붙이면 안 되겠지요."

 "남을 의식하지 않을 순 없잖아요."

 "남을 의식한다는 것은 남의 '평가'를 의식한다는 이야기가 아니지요. 남에게 들려주지 않으면 죽을 만큼 절실한 이야기일까? 자문하면서 글을 써야 한다는 말이지요. 물론 그 '남'이라는 범주에는 나 자신도 포함해야겠지만요."

"저는 지금 나의 삶이 나의 감격이 그리지 아니하고는 사라져 버릴 것 같은 두려움 때문에 그림을 그립니다. 그리고 제 삶을 남에게 보여 줌으로써 그 분에게 행복을 주고 싶은 마음도 있답니다.

"예술가는 그저 혼신의 힘을 다해 작품을 만들기만 하면 된다는 것으로 위로를 받네요. 내가 그리는 세상을 풍요롭게 만들기 위해, 열심히 보고, 열심히 배우고, 열심히 사색하고……절차탁마를 게을리하지 않아야겠습니다 그려."

우리가 나눈 대화를 통해, 어쩌면 현대 예술이 기상천외할 만큼 다양한 이유를 이해할 수 있을 것 같았다. 아무리 내가 이해하기 어렵고 마음에 들지 않는 작품 앞에 서 있을지라도, 내 나름의 안경으로 초점을 맞추고 작품 속으로 빠져 보리라는 각오를 가지고 미술관 문턱을 넘어섰다.

* 김철교, 『화폭에서 시를 읽다』, 시문학사, 2018, 235-237쪽에 있는 내용을 수정·보완한 글.

저자 약력

- 문학사(서울대, 1976), 미술학사(홍익대, 2022), 경영학박사(중앙대, 1988), 문학박사(중앙대, 2018).
- 수필가(『창조문학』), 시인(『시문학』), 평론가(『시와시학』), 소설가(『한국소설』) 등단.
- 국제그룹종합기획실 과장, 동원증원투자자문실장, (사)미래경제연구원장, 배재대 경영대학장, 대전시 규제개혁위원회 위원장.
- (현) 배재대 경영학과 명예교수, 심재문예원 대표, 국제PEN한국본부 부이사장
- 시집: 『무제2018』(시와시학, 2018) 등 11권, 산문집: 『미술관순례기: 화폭에서 시를 읽다』(시문학사, 2018) 등 11권. 경영경제전문서적: 자본시장론(법문사, 2000)등 19권.
- 〈제1회 심재 김철교 문인화 개인전〉(2018. 11. 28.-12. 3. 인사동 경인미술관)

김철교 문학관련 저서목록

시집

- 기독교 신앙에 관한 시집: 『사랑의 보부상』(시문학사, 2004), 『나는 어디에 있는가』(창조문예, 2012)
- 미술과 관련된 시집: 『무제2018』(명화를 대상으로 쓴 시 모음), 『아침에 읽는 시』(문인화 도록 겸 시집)(시문학사, 2018)
- '지금-여기'에 대한 은유: 『뼛속에 부는 바람』(한천, 2002), 『달빛나무』(시문학사, 2006), 『사랑을 체납한 환쟁이』(시와시학, 2014), 『가면무도회』(퍼플, 2021)
- 시선집: 『내가 그리는 그림』(시선사, 2021)
- 장편 시극집: 『하늘을 나는 물고기』(시문학사, 2021)

평론집

- 예술융복합 관련: 『예술 융·복합 시대의 시문학』(시와시학, 2018), 『문학의 담장 허물기』(시문학사 2021, 퍼플 2023)
- 영국의 대표적인 시인과 수필가의 작품을 다룬: 『영국문학의 오솔길』(시문학사, 2012)
- 경영경제 칼럼집: 『경영의 샘』(도서출판 두남, 2010)

수필집

- 『사랑나무 숲에서 부자꿈꾸기』(도서출판 두남, 2002), 『문학의 향기 속으로』(시문학사, 2012), 『기독교성지와 토속신들의 무대』(창조문학, 2013), 『아침화단의 행복』(시문학사, 2014), 『미술관순례기: 화폭에서 시를 읽다』(2018 시문학사, 2024 퍼플), 『자연 속의 낮은 음자리표』(교음사, 2023)

단편소설집

- 『리비도의 그림자』(교음사, 2024)